哈日解癮雜貨店

林翠儀 著

目次

II 山珍海味鋪

III 生鮮冷知識

IV 吉祥物專案

V 學生優惠區

（推薦序）

如精靈般的日本敘事

張瑞昌

要寫大和民族的故事，並不容易，取材看似俯拾即是，但要寫得精采好看，卻寥寥可數，而始終守在編譯台上的翠儀，無疑是一流的日本說書人。

大和民族難寫，那是因為它極度壓抑，悲傷時哭不出聲，在三一一東日本大地震的世紀災難中，即使是錐心泣血的傷痛，也沒有哭天搶地的場面。日本人更是一個充滿矛盾的民族，社會集體制約力強，人們似乎禮數周到，一切井然有序，但AV情色歷史悠久，公共澡堂男女混浴，乃至上班族爛醉如泥倒臥月台的刻板印象，卻為東瀛招來「有禮無體」的譏諷。

對於這樣一個既壓抑又矛盾的民族，翠儀一路寫來卻顯得輕盈自在，彷如有如精靈般的敘事風格，讓她筆下的日本顯得千變萬化。以地方書店員締造暢銷書《文庫X》一文為例，她展現了獨特的書寫方式，將故事主角長江貴士的行銷手法寫得宛如「長江一號」般的迷人，然而藉由深入爬梳書店的光榮過往後，人們看到的其實是「千里馬與伯樂」的經典模式，原來小小的書店臥虎藏龍，長江其實是名師出高徒，延續了前人自由發揮的賣書傳統。

像《文庫X》這樣抽絲剝繭的寫作解析，在把歷史書當八卦周刊賣的《應仁之亂》一文裡也可以找到相同影子。「應仁之亂」是一筆歷史的糊塗帳，竟然會有出版社將這種大亂鬥的題材拿來賣書，而且還成為熱賣話題。聰穎的翠儀發揮考據精神，將此現象幾乎做了犀利的刨解，她援引一段京都趣談，描述首相近衛文麿與推理作家戶板康二的簡短對話，點出京都人對「應仁之亂」的無奈，尤其令人莞爾。

不過，這還不是翠儀寫「應仁之亂」最精采之處，她在形容這場「張飛打岳飛」的歷史權鬥時，用了一個有趣的比喻，才堪稱是神來之筆。翠儀如此寫道，「如果用RPG電玩來比擬『應仁之亂』，可以說是典型的『糞作』，它主線模糊、支線龐雜，角色過多而且大都是只有一顆星的雜魚。」然後她下了生猛的眉批說，「寫這本書和看這本書，同樣都需要有十足的勇氣和幹勁。」

對我而言，「糞作」一詞令人拍案叫絕，彷彿是身手矯捷的少婦，將命運與共的作者和讀者一次打包，再追著急速行駛的垃圾車，往天際一扔，畫出完美的弧線，直接命中，完美落車，看戲的路人甲、路人乙紛紛鼓掌叫好。

對於一本書何以爆紅的原因探究，翠儀幾乎做到了「上窮碧落下黃泉」，但她「柯南偵探式」的日本書寫，並不僅止於此。在介紹「超級和尚公務員」高野鮮誠一文中，翠儀就讓人見識了她側寫人物的功力，先從日劇《拿破崙之村》的偶像唐澤壽明破題，繼之將一個擁有公所職員、寺廟僧侶和UFO專家等諸多身分的傳奇人物，如何發跡、人生有過哪些轉折到最後成為「獻米給教宗的男人」，翠儀將高野的故事說活脫像是從戲劇中走出來的神話，格外地引人入勝。

在日劇《官僚之夏》中由堺雅人扮演的通產省課長平松守彥，同樣是翠儀從戲劇延伸而來的史實人物，這個官僚菁英還有另一個身分是九州大分縣知事。翠儀寫平松的兩個人生，文章雖不長卻饒富況味，她將平松的職場一分為二，前半段的官僚生涯，不僅是曾參與日美電腦產業談判的關鍵人物，甚至還成為日本三大電腦集團的催生者之一；後半段的民選公職，則發起影響許多開發中國家的「一村一品運動」（即台灣的一鄉鎮一特色），為自己贏得被視為亞洲諾貝爾獎的「拉蒙．麥格塞塞獎」。

沒有相當的專業素養與用心的觀察研究，恐怕很難將日本的人物題材寫得如此入木三分，就像她述說山村阿婆賣樹葉的故事，把一個農業經營指導員如何從二十啷噹的大學畢業生，歷經四十年的通勤人生，在偏鄉村落裡如何說服大叔大嬸們，將滿山楓葉化作上勝町的商機。翠儀像個滿腹經綸的說書人，把一則鄉野奇蹟加油添醋講得頭頭是道，甚至還不忘適時加入註解，比方說，大嬸嘲笑指導員橫石知二，當自己是狸嗎？竟然以為可以將樹葉變成鈔票。她寫道，「狸在日本民間傳說是一種可以操弄幻術的動物」，這個畫龍點睛的註解不免讓人聯想起動漫《平成狸合戰》。

翠儀不但長於書寫以人為主體的題材，她對事件或者現象的敘事也深諳拆解重組之道。「NHK紅白歌合戰」是日本人迎接新年的傳統，這種類似相撲兩軍對陣的模式，在綜藝節目「料理東西軍」也可窺見，翠儀寫〈茨城vs.群馬——魅力度吊車尾PK戰〉一文就展現對此模式的解構力道。熟悉日本社會文化的翠儀，對史料的運用看似信手捻來，實則是她下足功夫，將繁瑣枯燥的數字統計化為生動有趣的文字對比。

借用時下流行的語彙，這何嘗不是一種寫作的「大數據化」！然後，讀者們還不時可以看見翠儀獨樹一格的下町語言，她寫道，「經過分析，發現兩縣與其說不擅於宣傳，倒不如說是懶得宣傳，原因是縣內的物產不用靠宣傳就能賣得嚇嚇叫。感覺就像穿著拖鞋短褲開雙B去吃路邊攤一樣，真的有錢是不用排場的。」

這個「穿拖鞋開雙B吃路邊攤」的妙喻，頗有一種非天龍國的庶民味，是翠儀書寫常見的語調，在以日本為主題的寫作中相當罕見，確切地說，這是台灣南部或下港人的典型嘈口，與她來自府城的背景遙相呼應。

閱讀翠儀的日本書寫，有一種打通任督二脈接地氣的舒暢感。十多年前，我在上野恩賜公園目睹過櫻吹雪的美景，看著白色的染井吉野櫻花開得燦爛，留下永生難忘的印象。有評論認為，國學大師本居宣長的短歌「若問敷島大和心，滿山櫻花映朝暉」，最能體現日本的武士道精神及傳統文化。武士道的聖潔與勇敢，花期無常與苦短人生的相互對應，彷彿大和民族就是該長成這個樣子。

但現在翠儀的出場，讓這些變得不太一樣，而且她的《哈日解癮雜貨店》既然開張營業了，那就得兢兢業業繼續賣下去囉！

（本文作者為中央通訊社社長）

（推薦序）

瀏覽此書如泡澡堂賞富士山壁畫

楊明珠

還沒認識翠儀之前，我都是人在東京透過網路看到她在《自由時報》的報導，除了一般的時事編譯之外，「日本自由行」的專欄相當吸引我，從內容可看出她很努力、負責地選題材、撰寫，文章是那麼的原汁原味，完全不同於很多媒體從他處找文貼文的作法。

很佩服也很恭喜翠儀撰寫《哈日解癮雜貨店》，相信這本書可以讓喜愛日本的人更加喜愛或想更深究日本。目前，國人一年約有四百萬人次訪問日本，很多人是一遊再遊者，不只是想去血拼買神藥、電器品或吃碗知名的拉麵，而是追求深度日本之旅，這本書能吸引旅居東京「通算十五年」的我，相信也能吸引許多對日本有探知欲的人。

翠儀有時下筆犀利、善用比喻，有時語帶詼諧、語感「很台」，讓我在閱讀時不禁莞爾。像是〈為了當錢湯壁畫學徒而去讀博士的女繪師〉一文，她寫到「芳齡二十的田中瑞希生平第一次泡錢湯（澡堂），內心的小宇宙像發生超新星爆發一般，湧出了一股強大的能量」、「澡堂搭上富士山，就像燒仙草搭花生一樣的絕配」，這樣的描寫就很夠味，讓人對於錢湯文化、錢湯藝術的興衰多了一份關懷。

許多國人喜歡觀賞「搶救貧窮大作戰」、「Before & After」、「料理東西軍」等日本的電視節目，這本書也具有這些元素，讓人閱讀時感覺很勵志、受到療癒。像是描寫演歌女王小林幸子的鹹魚翻身術、破產小島海士町的重生傳奇、日劇《拿破崙之村》的本尊既是和尚也是超級公務員等篇章，就像告訴讀者如何自立脫貧，內容精采，引人入勝。

「下流老人」、「無緣社會」、「老老照護」等語詞，都是反映出面臨嚴重少子高齡化的日本的現實。幾年來，身為東京特派員的我到日本鄉村採訪時，目睹過農村凋蔽的慘況，深知日本首相安倍晉三的「三支箭」經濟政策並未讓地方雨露均霑，但也曾驚訝於農村阿嬤的「搶錢欲」。

〈山村阿婆賣樹葉年賺千萬圓〉是德島縣上勝町的真實事蹟，不僅被拍成電影，也吸引了許多海內外媒體採訪。兩年前，我和派駐東京的一群外籍記者前往採訪時，有位阿婆一手拿樹枝剪、一手拿平板，爬上枝頭，大顯身手剪下楓樹枝，還雙眼炯炯有神地問記者說：「能不能教我如何才能按平板按得快一點」。原來，靠網路賣葉子，就很像魚市場競價一般，須眼明手快才行。

我認識翠儀是兩年前，她參加一個到三一一東日本大震災災區的採訪行程回到東京時，這本書可看出她還還心繫三一一災後重建。我在閱讀書中的〈把家「畫」回來——日本女建築師的震災療癒計畫〉這篇文章之後，深受感動。

文中一開始所提到的女建築師西條由紀子造訪宮城縣仙台市若林區的荒濱，後來協助災民「把家畫回來」。荒濱正是我三一一大地震發生的三天後採訪之地，原本有七百五十多戶人家、有水田、有海邊的綠色防風林，但一切被三一一大地震後隨之而來的海嘯無情摧殘。即便已時隔六年，有時看到電視螢幕或報導觸及當年我所採訪過的災區，仍不禁潸然淚下，但看到有人持續關懷災區，內心感到很欣慰。

這本書提供了許多感人肺腑及鮮為人知的事蹟。我去年曾到過三一一重災區宮城縣南三陸町，看到海岸有兩尊來自智利復活島的摩埃（Moai）像，只知是智利捐給三一一災區的摩埃像，並未深究其中原由，讀完本書之後，才知復活島為何要對日人報恩、摩埃又代表著什麼。

閱讀豐富人的心靈，知識讓人學會謙卑。多年來，每逢十一、十二月就採訪耶誕彩燈，有的璀璨如浩瀚宇宙、有的浪漫如蔚藍大海，但從未想過日本人是何時開始過耶誕節、日本第一位本土耶誕老人長什麼樣？以前常有人稱讚我是「日本通」，但在我閱讀此書後，長了知識，內心也多了幾分謙卑，絕不敢以「日本通」自居。

（本文作者為中央通訊社記者、前東京支局長）

（推薦序）

日本人是怎麼辦到的？

這道命題與讚嘆，本書會從各種角度給你答案

小葉日本台

書寫日本，在台灣一直都是顯學，寫的人不少，樣貌很多元，舉凡吃喝玩樂到再艱澀冷門，上網google多半找得到。寫不難，但內容要有自己的風格特色，且能有口碑者，不容易喔！本書《哈日解癮雜貨店》就是一本題材多哏，滿滿故事，不管你哈不哈日，有沒有銀兩哈日，都會讀得興致盎然兼長知識的作品。

每個人都有故事，很喜歡作者挖掘介紹的人事物。收錄的篇章中有再造重生的淚與感動，有堅定信念甘之如飴的一生懸命，有發想奇特文創滿點的他山之石，更有波瀾萬丈宿命PK的百年傳說……，每個故事有縱深有底蘊，執念少不了，初心看得見，非常接地氣，大家每每讚嘆「日本人是怎麼辦到的？」這道命題，本書會從各種角度給你答案。

故事之一〈《文庫X》地方書店店員的神祕銷售術〉：明明內容很優的書卻可能是書名太弱賣不出去？太可惜了，乾脆把書加張紙包起來，純手工自己寫文案寫推文，然後遮住原書名另取叫《文庫X》，果真吸引讀者好奇，少掉沒亮點原書名的先入為主，書就這麼大賣了！原來書店店員未必只是上下架、進退貨、歡迎光臨和結帳等這般勞務，這是屬於成天與書共舞的職人本命。

故事之二〈畢業沒頭路才是贏家的東京藝大〉：東京藝大畢業生有一半下落不明，順利找到工作反倒被歸類為「敗組」。這篇文章一出臉書轉貼分享超熱烈，好多相關科系的年輕人迴響有被勵志到，追求藝術的價值本就不該等於22K，這是擠身世界一流的東京藝大教我們的事。

故事之三〈「完敗女王」賽馬春麗〉和〈逃過三次死劫的大阪強運奇

「雞」〉：這兩個故事，這兩隻動物的生命歷程，不只是闖關難過關關過的趣味，存在就有價值，「春麗」的屢敗屢戰，零勝一百一十三敗，激勵許多瀕臨自殺邊緣的失意人，她是失敗者的「希望之星」，更因此被封為賽馬界的「玉女偶像」。至於那隻福大命大的強運奇「雞」，則是樂天知命，不懼死神召喚，動物園的小雞人氣爆棚，動物園的奇「雞」可以大搖大擺橫著走，總之活得精采，認真做自己，牠們簡直就是魯蛇的勵志典範。

故事之更多：比如日劇《小孤島大醫生》和《拿破崙之村》的主角原型並非虛構的，現實人生的他們比日劇演的不知傳奇精采多少倍！比如東本日三一一災後重生的「奇蹟醬油廠」和女設計師「把失去的家畫回來」的人心撫慰，過程中的勇氣與療癒，動容之外，見證的是屬於生命力的展現。又比如「茨城vs.群馬」、「天王山vs.關原」、「早稻田vs.慶應」、以及甲子園百年經典「箕島vs.星稜」的人生延長賽等的各式ＰＫ，不僅充滿戲劇性，包裝後營造出的對決哏同樣賣相十足。

身為本書作者的另一半，除了可以第一手先睹為快外，也完全了解每個主題，每篇文章，翠儀所耗費的時間精力。台灣人去日本旅遊的頻率超級高，愈玩愈精，愈玩愈細，這本《哈日解癮雜貨店》基本上可以算是出遊之外的補完，補你熱門景點之外沒太多機會可以到訪的地方，比如那個有山村阿婆賣樹葉締造傳奇的德島上勝町；補你到此一遊吃好料，打卡自拍背後更多屬於在地文化的原來如此，比如人家夏天吃鰻魚的習俗其實和咱們中秋節烤肉有著異曲同工之妙，都是藉由成功的廣告所創造「唬爛」出來的；還有啊，或者是你的老毛病又犯了，沒錢沒閒時，隨時都可以在此哈日雜貨店解解癮！

老婆出書，老公當然要大推力挺，不只是小葉賣瓜自誇，這本書真的超有料，趣味滿點，知識滿點。

I 日本一番搾

東京不是日本首都，甚至不叫「東京」？

「東京不是日本首都」這件事，最近在日本網路上引發話題，台灣媒體也有相關的報導，總之，這是一件連日本人聽了都會覺得很意外的事。

事情的導火線是一對十多歲日本姊弟在推特上的對話，姊弟倆不曉得聊到什麼，弟弟問姊姊日本的首都在哪裡，結果姊姊回答「日本根本沒有首都，爆笑」。

起初這對姊弟的對話被好事者截圖轉貼，感嘆日本的教育已到了窮途末路，網友也跟著起鬨，笑說這位姊姊腦袋有洞，竟然連日本的首都是東京也不知道。

但後來有高中老師跳出來聲援姊姊，引經據典表示，目前沒有任何一部現行法律界定日本首都的所在地，姊姊的說法並沒有錯，這下換網友傻眼了。

日本沒有「法定」首都

據一九七九年內閣法制局長在國會答詢的說法，日本沒有「法定」的首都，只是日本人對「東京是日本的首都」這件事，深信不疑而已。

其實，這也沒什麼好大驚小怪的，日本不但沒有法定的首都，也沒有法定的國徽，大家以為的國徽「十六八重表菊」就是俗稱的菊花紋，是皇室的家紋，至於內閣總理大臣和內閣府用的「五七桐花紋」則是代表日本政府的徽章。

大家真正要吃驚的是，東京甚至不叫做「東京」這件事。這下換作者腦袋有洞了？如果東京不叫做東京，那又叫做什麼呢？（不要急著舉手回答是江戶。）

並不是作者腦袋有洞，這是引用日本經營大師大前研一的說法。大前說，前大阪市長橋下徹在推動「大阪都」構想時，遭到時任東京都知事石原慎太郎的反對，石原主張「都」只要一個就夠了。大前說，明治天皇在一八六八年考慮把政府搬到江戶時，先把江戶改名為東京，意思是在日本東西兩地都有一個京城。現在我們將「東京都」簡稱為「東京」，其實她的原貌應該是「東・京都」。

石原「『都』只要一個就夠了」的說法，指的是現行都道府縣制裡一都一道二府四十三縣的「都」，但若以天子腳下的「京城」來解釋「都」（みやこ），日本其實是有兩個都，京都和東・京都。

東京是日本首都？京都人可不依

京都和東・京都，從語意上來解讀，京都明顯才是「本家」，所以如果對京都人說「所有日本人都深信東京是日本的首都」，老牌天龍國人可能不依。

話說回來，大阪曾經很有機會變成日本第二個京城，那是在一八六七年江戶幕府把政權交還給朝廷的時候，也就是大家聽過的「大政奉還」。

當時京都動盪不安到處有局部的武裝衝突，有人主張將京城遷到江戶，也有人建議遷到鄰近的大阪，畢竟德川家雖然歸還政權，但夠不夠阿沙力也順便打開江戶城迎接王師，還沒說個準字。因為大阪相對安定，所以有人主張遷都大阪，至少天皇可用「行幸」名義去那裡先避個風頭。

不過，後來經過一幫人七喬八喬之後，也就是日劇《篤姬》裡演的那些故事，江戶無血開城，天皇一干人進城就定位，大阪就被踢到一邊涼快了。

大阪府曾是首都之一

直到一八七一年廢藩置縣後，行政區重新調整，東京府、京都府和大阪府三足鼎立，三府均具首都地位，可互相取代，大阪這下才稍微揚眉吐氣了一下。

不過，大阪揚眉吐氣的時間也沒太久，一九二三年關東大地震發生，為了災後重建大正天皇下了詔書，直接把東京稱為「帝國的首都」，一九四三年太平洋戰爭如火如荼之際，在舉國皆兵的思維下，政府整併東京府及東京市（即目前的都心二十三區）實施東京都制，東京都成為法定的帝都。京都府和大阪府頓時變成B咖，矮了一截。

戰後一九五〇年頒布的首都建設法，沿用了這思維，該法第一條明定東京都為日本和平新國家的首都。

首都和首都圈，多一個字差很大

有了法律撐腰，東京都不就是明正言順的日本首都嗎？

且慢，首都建設法只施行了六年就廢止，取而代之的是一九五六年施行的首都圈整備法，壞就壞在多了這個「圈」字。首都圈除了東京之外，還有埼玉、千葉、神奈川、茨城、栃木、群馬和山梨等縣，人家法律裡並沒有明說東京就是首都。

會這麼不乾脆，據說是為了顧及京都人的情感。

說到京都人的情感，那可難搞了。連明治天皇都搞不太定的。

時間再推回一八六八年，明治天皇舉家搬到東京時，用的可不是「遷都」這麼殺的字眼，而是相對溫和的「奠都」，遷都的意思是京都把京城的寶座讓給東京，奠都是京都維持帝都的地位，但行政中樞在東京。

明治天皇的兩手策略

為什麼要搞得這麼複雜？想想看，上千年以來，東京是一個「天高皇帝遠」的地方，即使是天王老子，到了人家的地盤至少得帶盒冰淇淋去當伴手禮吧。所以明治天皇才會把江戶改名為東京，讓東京和京都平起平坐。至於保留京都的帝都地位，當然是因為京都老家還有一群王公貴族親戚得照顧啊。

總之，明治天皇為了兩邊討好又不得罪，所以奠都不遷都、雙首都，很OK的。

二〇一六年日本的話題暢銷書《討厭京都》（京都ぎらい）作者井上章一，他用「離婚但未提出離婚申請書」很傳神地形容這種微妙的關係。意思是說京都和東京就像元配和小三，明明元配已經被休了，但並沒有完成離婚登記，小三雖然是目前的枕邊人，但卻得不到名分。

明治、大正及昭和三位天皇都在京都舉辦即位大典，唯獨即將「生前退位」的明仁天皇大膽地在東京舉辦即位大典。

從東京新地標晴空塔俯瞰的隅田川。

《討厭京都》，三采，二〇一六。

籤運超強的明治年號

關於天皇，還有一些有趣的小故事。

說到明仁天皇，他真的是一位很獨特的天皇。二〇一六年他暗示想生前退位時，一堆中國媒體用充滿政治陰謀論的說法，說他因為反對修憲，所以故意給安倍找麻煩。

其實，從他突破傳統在東京舉行即位大典這件事來看，就不會對他想要生前退位感到那麼吃驚了，他真的很體恤百姓，不希望勞師動眾，因為生前退位大家就不需要在他過世時忙得雞飛狗跳了。

由於日本官方和許多企業仍使用日本年號而非西元年，天皇若在位時駕崩，年號必須馬上變更，使用日本年號的文件也得隨之更改，尤其是電腦作業修改可是一項大工程，所以天皇生前退位等於給這些相關作業多了一段提早著手的時間，拯救很多電腦工程師可免於過勞死的危機。

日本以前的天皇在位時，經常以天災人禍種種原因更改年號，類似改名轉運的意思，直到明治天皇即位，將年號從慶應改為明治之後，就立下了「一世一元」的規定，一任天皇只有一個年號。

既然只有一次命名的機會，想必他也會很慎重才對，但事實並非如此。「明治」這個年號源自《易經》「聖人南面而聽天下，嚮明而治」，據說在歷次的年號總選舉中入圍了十次都揁龜，直到第十一次才雀屏中選，但卻是靠抽籤出線的。

換句話說，「明治」這個年號，是明治天皇在一堆候選年號中隨手抽籤抽出來的。

新聞搞烏龍，《每日新聞》悶了六十三年才雪恥

關於年號的事，日本大報《每日新聞》的前身《東京日日新聞》，曾經發生過一件赫赫有名的誤報大烏龍，通稱為「光文事件」。

事件發生在一九二六年十二月二十五日，這天凌晨一點二十五分大正天皇駕崩。《日日新聞》搶在清晨四點發號外，並臨時抽版更換了東京市內早報內容，以斗大的標題報導聖上駕崩，並指新年號為「光文」，搶了一條世紀大獨家。

但是宮內省在當天上午十一點正式發表新年號為「昭和」，《日日新聞》

東京日日新聞　號外
大正十五年十二月廿五日（土曜日）
聖上崩御
天皇陛下には廿五日午前一時二十五分葉山御用邸に於て崩御あらせられたる旨宮內省から發表された
新帝踐祚
御用邸〻に坐所において
元號は「光文」
樞密院に御諮詢
「光文」

光文事件，《東京日日新聞》烏龍號外。

被狠狠地打臉，世紀大獨家變成超級大烏龍，不但社長和編輯主管為此請辭，該報也成為世間的笑柄。

後來有傳聞說，宮內省發現消息走漏很火大，臨時將新年號從「光文」改為「昭和」。不過比較可靠的說法是，「光文」新年號是政治線記者從樞密院打聽到的，但當時主跑皇室的記者曾表示從沒聽過這個年號，最後政治組硬幹，才鬧了這場大烏龍。

《日日新聞》這個恥辱足足背了六十三年，才在一九八九年由《每日新聞》洗刷。當年一月七日上午六點三十三分昭和天皇駕崩，由當今天皇明仁繼位，年號改為「平成」。《每日新聞》這次再三確認，搶在晚報的第三次改版發了大獨家，其他報紙都是等到官方發布後才改版，只能改到最後一刷，時間已經晚了《每日新聞》一步。

話說回來，現在這種網路發達的時代，各家媒體每分鐘都有新聞即時上架，所謂「獨家」的定義已經模糊不清，尤其是以速度取勝的獨家，基本上似乎沒什麼意義，但在當年這可是各報較量夠不夠威的標準之一。

北川景子的婆家，超級不得了

關於「平成」的年號還有一個小故事，和女星北川景子的老公DAIGO有關。歌手兼演員的DAIGO，本名內藤大湖，他的外祖父是日本前首相竹下登。金丸信和小澤一郎和他們家都有親戚關係，總而言之，DAIGO是位政治世家子弟。

DAIGO出道不久時曾參加富士電視的一個綜藝節目，節目有個單元讓明星們帶著家裡的寶物去鑑定，結果DAIGO隨手從家裡的倉庫拿了一張卡紙去上節目。

泛黃的卡紙上寫了「平成」二字，乍看之下毫不起眼，結果卻當場嚇壞了負責鑑定的專家，專家說這張卡紙價值高到無法定價。

原來這張卡紙，就是一九八九年一月七日時任官房長官小淵惠三舉在手上發表新年號的卡紙。因為當時首相就是竹下登，不曉得什麼緣故，這張卡紙最後竟流落到DAIGO家的倉庫裡。後來家人為此開了家族會議，決定將這張具有史料價值的卡紙，捐給位於東京千代田區的國立公文書館保存。

一九八九年，昭和天皇駕崩而明仁繼位，小淵惠三官房長官在電視上宣告新年號「平成」。
圖片提供／達志影像

逆轉力

一句廣告詞讓老牌啤酒起死回生

一九九五年麒麟啤酒東京總社量販部營業企畫副部長田村潤，因為頂撞上司被下放到四國高知縣擔任支店長，他靠著一句廣告詞締造了銷售奇蹟，甚至在二〇〇七年攻返總社擔任副社長兼營業本部長的職務，帶領麒麟啤酒起死回生。

在進入主題之前，先簡述一下故事背景。

麒麟啤酒是日本相當老牌的啤酒大廠，歷史可回溯到一八八五年，當時居住在橫濱的外籍人士設立釀酒廠，由三菱財團的岩崎家出資贊助，聘請德國技師釀造出德國風味的啤酒，一九〇七年岩崎家正式成立隸屬於三菱財團旗下的子公司，吸收了外籍人士所設的酒廠，以純日本公司「麒麟麥酒」的名號生產販售德國風味啤酒。

擁有上百年歷史的麒麟啤酒，公司史等於是日本啤酒演化的寫照。

一九五四年日本經濟進入高度成長期，麒麟啤酒產量和銷量同步上揚，在啤酒市場上獨領風騷，旗下的主力商品為「麒麟拉格啤酒」（キリンラガービール），一九七二至八六的十四年期間，不但穩坐市場龍頭寶座，甚至因為市占率超過六成擔心觸犯「獨占禁止法」（競爭法）。

但是麒麟啤酒的一哥地位，在一九八〇年代後期遭到朝日啤酒的挑戰。一九八七年朝日啤酒推出辣口且酒精濃度更高的「Asahi Super Dry」，掀起了啤酒市場的「Dry 戰爭」，麒麟拉格的銷量一路下滑，直到一九九七年被朝日「Super Dry」，搶走了銷量第一的寶座，讓出長達四十五年的一哥頭銜。

老牌啤酒大廠為了扳回劣勢，對於銷售手法及釀造方法進行大改革，向來堅持使用傳統「熱處理釀造」的麒麟拉格，在一九九六年改為不使用熱處理釀造法，酒精濃度也從原來的四·五%提高到五%。

而在改變釀造法前一年的一九九五年，公司高層決定打「低價戰」，希望以降低麒麟拉格的售價搶回市占率。低價或許能在短期內吸引買氣，但沒有搞清楚銷量下滑的病因，低價戰只有延命效果，最終不但會導致惡性競爭，而且嚴重傷及品牌的價值。

麒麟拉格銷量下滑，其實和口味的改變也有關係，更改釀造法和配方的麒麟拉格，將原來具有特色的苦味變淡了，讓許多就愛這一味的拉格迷心碎。

當時擔任東京總社量販部營業企畫副部長的田村潤，在會議中對低價策略提出異議、抵死不從，結果因為惹惱上司遭到流放，被派去四國高知縣擔任高知支店的支店長。

即使麒麟啤酒在高知的銷量勝過其他的品牌，但高知支店的業績卻是全國倒數第一，被總公司視為「包袱」，很適合用來當作「流放」的地點。

一九五〇年出生於東京的田村潤，畢業私立名校成城大學經濟系，進入麒麟啤酒走的是平步青雲的菁英路線，從來沒有擔任過支店長的職務，被貶到地方而且是業績最差的高知支店，公司內部傳言「田村玩完了」。

田村自已也在他二〇一六年出版的著作中寫道「一九九五年、高知の夜は

漆黑だった」（一九九五年，高知的夜漆黑一片）。

當時的高知支店只有九名業務員加二位內勤女職員，因為公司的啤酒長期以來在高知的銷量勝過其他品牌，業務員養成了不用怎麼努力也會有業績的惡習。所以當高知的業績也開始下滑後，業務員們束手無策，即使照著總社指示的方法推銷，但還是難以拉抬業績，整個支店呈現棄械投降的狀態，終於在田村到任的隔年一九九六年，麒麟啤酒在高知的一哥寶座也淪陷了。

雖然銷量被對手公司朝日啤酒超越是全國性的問題，並非只有高知一地，但田村覺得這樣下去不是辦法，開始思索以高知為主的銷售策略，畢竟總公司位處天龍國，天龍國人想出來的行銷手法，不見得適用於高知這種鄉下地方。

田村極力向總公司爭取，終於拿到一筆宣傳預算，開始製作「高知限定」的廣告，這在麒麟啤酒是首開先例的創舉。

第一波高知限定的廣告內容，主打啤酒製造地「岡山工場」。麒麟啤酒的岡山工場位於岡山縣，和四國高知縣僅有一水之隔，田村希望藉此向高知親鄉強調「賣到高知的啤酒是最新鮮的啤酒」。電台廣告中請來了岡山工場的場長親自發聲掛保證，但廣告播出後，啤酒銷量仍未見上升，高知鄉親顯然不買帳。

怎樣才能挑動高知人的心弦呢？

高知古稱土佐，土佐人具有強烈的反骨精神，行動大膽、豪爽，而且貫徹信念、極為頑固，對於提不起勁的事情絕對不會採取行動，最具代表性的人物就是幕末志士坂本龍馬。麒麟啤酒母公司三菱財團的創辦人岩崎彌太郎也是土佐出身。

高知有非常適合釀酒的軟水，縣裡不但有十八家知名酒藏，這裡的居民大都是酒國英豪，飲酒量在全國排名向來名列前茅。高知有一則笑話說「喝一點點就好」的「一點點」是以清酒二升（3600ml）起跳。

田村打出的第一波廣告，並沒有讓頑固的土佐人提起興趣。總社撥下的宣傳經費僅剩三百萬圓，意思是說，他只剩下一次的機會。

田村和支店裡的女員工閒聊，這名女員工是高知在地人，她說高知人喜歡一邊喝酒一邊聊「當年勇」。總之，愛面子的高知人迷戀「第一名」，已到了異於常人的地步，即便該縣離婚率從全國第一名掉到第二名，都會讓高知人懊惱不已。

田村得到啟發，開始尋找可以觸動高知人心弦的「第一名」，結果從銷售報表中真的找到了他最想要的素材，麒麟拉格的瓶裝啤酒在高知縣二十歲以上成人的每年每人平均消費量為三十瓶，不但是全國第一，而且還是全國平均的一點五倍。

田村將剩下的三百萬圓宣傳經費，全部砸在第二波廣告上。他買下在地報紙十五P廣告和電台託播廣告。

廣告上以插圖畫了上百位象徵高知鄉親的民眾，大家像扛神轎一樣扛著一瓶超大瓶的麒麟拉格，廣告詞寫著「高知が、いちばん。」（高知，第一名），旁邊的文案寫著「去年も高知の人にいちばんラガーの瓶を飲んでいただきました」（去年高知人喝掉的瓶裝拉格照樣是全國第一多）。

第二波高知限定廣告，準準地打中了高知鄉親的罩門，「高知，第一名」不但成為地方流行語，也成為全國關注的話題，市場上甚至出現了印有「高知 イズ ナンバーワン」（高知 is NO.1）字樣的T恤和旗幟。

有人分析麒麟拉格獲得高知人的擁護，除了「高知，第一名」廣告成功之外，辣口且帶有苦味很符合當地人對酒的偏好，第二原因是高知人把商標上的「麒麟」看成「龍馬」，投射了對坂本龍馬的擁護之情，當然這

高知人認為麒麟是上龍下馬的組合。　圖片提供／台灣麒麟啤酒

個理由被當成玩笑話，不過，麒麟的大老闆岩崎彌太郎和坂本龍馬頗有交情也是一個事實。

第三個原因是二〇〇〇年前後，朝日啤酒研發以海洋深層水釀發泡酒，高知向朝日提議使用當地室戶的海洋深層水，朝日到高知做了各種檢驗和實驗，提高了在地人的期待度，但最後居然選擇了競爭對手富山縣的海洋深層水，高知人認為遭到背叛，更不想喝朝日啤酒了。

除了廣告以外，田村也開始引導員工進行自發性的意識改革，並帶頭示範讓員工提起鬥志主動應戰。例如在每年櫻花季之後，帶領員工到現場調查賞花遊客留下的垃圾，了解遊客喝了什麼酒，從中思考如何將麒麟啤酒賣給更多的遊客。

高知支店的業績從一九九七年開始回升，在二〇〇一年重新站上全縣市占第一名的地位，諷刺的是，麒麟啤酒全公司的整體銷售業績卻在這年跌破四成，讓出了近半世紀的啤酒龍頭寶座。這更凸顯了田村孤軍奮戰，創造了高知支店一枝獨秀的奇蹟。

在改革高知支店的同時，田村大力主張恢復麒麟拉格原有的釀造法和配方，多次向總社向高層請命，公司終於在二〇〇一年推出了「キリンク

《麒麟啤酒高知支店的奇蹟》，講談社，二〇一六。

ラシックラガー」（麒麟經典拉格），恢復熱處理釀造法，酒精濃度也降回四・五％。

田村這次沒再被下放，而且一路升官，向中央挺進。二〇〇一年升任四國四縣的地區本部長，之後接近東海地區本部長，二〇〇七年攻返總社成為代表取締役副社長兼營業部長，指揮全國的營業部，在他的帶領下，二〇〇九年麒麟啤酒重新奪回市占第一的王座，田村在二〇一一年退休，當時的職位為副社長。

二〇一六年四月田村將他被流放高知後一路攻返總社的故事寫成書籍，出版《麒麟啤酒高知支店的奇蹟》（キリンビール高知支店の奇跡），被稱為是「逆轉力」的經典案例。

「Last Boss」小林幸子的鹹魚翻身術

日本演歌大姊大小林幸子，二〇一二年被踢出NHK紅白歌合戰演出名單之後，大部分人都認為她的時代已經結束，畢竟她已年近六十，未來恐怕再也沒有翻身的機會了。

的確，二〇一一年十一月五十七歲的幸子和小她九歲的老公結婚，這是幸子第一次結婚，但婚後似乎開始走霉運。二〇一二年陪伴幸子歌唱事業三十多年的經紀人兼保母，也是幸子製作公司的女社長，因為與幸子的老公不和掛冠求去，預定二〇一三年舉辦的幸子出道五十週年公演的準備工作因而停擺。

這一年，幸子與日本哥倫比亞唱片終止合約，自己開設音樂製作公司倉促推出幸子五十週年紀念新歌《茨之木》（茨の木），雖然引發話題，但獨立音樂製作公司的銷售通路非常有限，銷量只達兩萬張，難與大唱片公司的銷量相比，這時有八卦周刊也來打落水狗，以「略奪婚」炒作幸子是「小三」的謠言。幸子的演歌人生面臨了史上最大的危機。

因為新歌銷售不夠亮眼，再加上種種負面新聞，二〇一二年底幸子被踢出連續出場三十三屆的紅白歌合戰，一三、一四年也連續摃龜。即便紅白收視率年年下降，年輕觀眾不太買帳，但參加紅白演出，仍被日本演歌歌手視為是年度最高榮譽。

一九五三年出生的小林幸子，出道超過五十年，她在九歲展現歌唱長才，一九六四年出道唱片狂銷二十萬張，被稱為是「天才少女歌手・美空雲雀第二」。大約五年級以下的台灣人都知道她，甚至還能哼上幾段她的招牌曲。大家對幸子最有印象的就是她超豪華的舞台裝，她和美川憲一的舞台裝大車拚，曾是紅白最大的賣點之一。

一個人的一生能夠從事同一種行業，本來就不是一件容易的事，所以從事同一種行業可以超過半世紀，只能用「神人級」來尊稱。半世紀的演歌花道，幸子絕非一路平順，但她能在這行撐這麼久，必定有其過人之處。

一九六〇年代後期到七〇年代，幸子曾經陷入長達十五年的低潮期，據說是因為過於模仿美空雲雀的唱腔引來反感，工作量大減形同遭到業界封殺，但幸子並未放棄，一個人帶著麥克風走遍日本全國，大大小小的電台、唱片行，當時還未成年的她甚至到小酒吧表演，像「那卡西」那樣，反正只要有地方唱歌表演，她都來者不拒。幸子為了轉運多次更改藝名，一九七七年還拍過雜誌的性感寫真（半裸照）。

直到一九七九年推出《追憶酒》（おもいで酒），熱銷兩百萬張才一舉翻身，並首度參加當年的紅白，自此她連續參加了三十三屆。所以二〇一二年大部分人都以為幸子被踢出紅白後可能會被擊垮，再也沒有翻身的機會，就算有，她可能也沒有翻身的氣力了。

事情當然沒那麼簡單。

猜想幸子沒有氣力翻身的關鍵當然和「老」有關，但「老」絕不是以年紀來論斷，而是以年紀或既有的成就自我設限。被稱為「演歌女王」的幸子也在不知不覺間以名聲建立起自我設限的高牆，但她藉由這次的重大挫折，看清了讓自己陷入困境的核心原因，展開絕地大反攻的第一步就是先推翻自己建立的那堵高牆。

當時大家都沒料到，花甲之年的幸子推翻了「演歌女王」的高牆後，居然搖身變成了「宅男女神」。

轉型的契機要從她的豪華舞台裝說起。

幸子的豪華舞台裝，據說一件造價動輒上億圓，它的神奇不只於豪華，而且還有重重的機關，為了組裝和搬運豪華舞台裝，幸子還自備了一輛十一噸的卡車和吊車。

幸子與美川憲一的紅白舞台裝大車拚始於一九九一年，在此之前，幸子在紅白的表演也和其他演歌女歌手一樣，穿著中規中矩的和服登場，但在一九八九年看過當時的歌舞伎名伶二代目市川猿之助「超級歌舞伎」表演後感動莫名，於是開始在自己的服裝上加工，一九八九年以仙女扮相在紅白登場。接著在一九九一到二〇〇九年之間與美川憲一展開舞台裝較勁的戲碼。

其間，幸子曾數度考慮封印豪華舞台裝，但都因觀眾的盛情難卻而作罷，只在二〇〇四年因為故鄉新潟縣發生中越大地震，幸子返鄉穿著和服在鄉親面前獻唱。二〇一〇年美川被踢出紅白邀請名單，幸子則多撐了兩年，二〇一二年從紅白名單上消失。

幸子與美川近達二十年的舞台裝競演，變成紅白的定番深植人心，從十幾年前起，日本網路上就流傳「看了小林在紅白裡的豪華服裝，考試不會落榜」的謠言，應觀眾要求，幸子公仔在二〇〇三年問世，成為考生爭相搶購的護身符。

由於幸子的豪華舞台裝和電玩裡最後出場BOSS（大魔王），具有相同等級的氣勢，所以電玩迷暱稱幸子為「ラスボス」（Last Boss），網路上出現了很多惡搞合成圖。並非電玩世代的幸子根本不知道「Last Boss」是指什麼，起初從助理口中得知網友給她的這項封號時，還以為是字面上的意思有點受傷，但搞清楚原來是電玩的大魔王後卻拍手叫好，直呼「Last Boss幸子，好耶！好耶！」

演歌被年輕人視為公嬤世代的娛樂，網友的年齡或許沒有想像中的年輕，但至少不是演歌歌手鎖定的公嬤世代，幸子不但欣然接受網友給她的封號，而且還積極走入網路的阿宅世界。除了Last Boss的封號，網友也親暱地叫她「さっちゃん」（沙醬）。

二〇一二年年底幸子沒有收到紅白的邀請，但卻意外地收到「niconico動畫」的通告。niconico動畫是成立於二〇〇六年的線上彈幕影片分享網站，在當時還算是新媒體，用戶以年輕人居多，niconico 動畫邀請幸子上現場訪談節目「小林幸子降臨！『茨の木』夢は捨てずに生放送」，幸子一口就答應了，理由是她覺得很好玩。由於網友反應奇佳，當年年底 niconico 動畫再度邀請幸子參加跨年 live「ニコニコ大忘年 二〇一二 in nicofarre」。

有了這兩次成功的合作，幸子似乎也玩出了興趣，二〇一三年九月，幸子以自製歌唱動畫投稿 niconico「ぼくとわたしとニコニコ」（我和我和 niconico），曲子是作曲家前山田健一的作品，前山田以「ヒャダイン」（hyadain）的名義在網路上投稿大量作詞編曲作品，是一位鬼才怪咖。幸子說，這首曲子既不是演歌歌手熟悉的「音頭」曲調，歌詞也超級難，起初有點火大，但愈唱愈有趣，這首歌投稿到 niconico 後，馬上就獲得了一百四十萬次點閱和網友熱情的彈幕洗禮。

紅白的全盛期，收視經常飆破百分之五十，換句話說，至少有五千萬名觀眾收看，相較之下，一百四十萬人點閱這個數字，對一代歌后來說並不算什麼，但是與年輕人超級不熟的演歌歌手能在網路賺到一百四十萬次點閱，可說是破天荒，幸子知道這個數字的重量。

二〇〇九年，小林幸子擔任故鄉新潟縣的觀光大使，商場內還設置了高達七公尺高的小林幸子公仔。

圖片提供／達志影像

在此之後，幸子積極參與和網友互動的表演，二〇一三年四月她「重裝」參加「niconico超會議」，二〇一三、一四年她連續接受niconico的邀請參加跨年live，她也翻唱了虛擬歌姬「初音MIKU」的〈千本櫻〉等招牌曲，以獨特的演歌唱腔迷倒了一堆網友。二〇一五年VOCALOID軟體以幸子的歌聲推出《Sachiko》合成軟體，讓幸子多了一個虛擬歌姬的身分。

二〇一四年八月，幸子以Last Boss之姿「降臨」日本最大的同人誌即賣會「夏コミケ」（Comic Market），攤位名稱為「五八八四組」（コバヤシグミ），幸子不但推出了阿宅取向的自製新專輯《さちさちにしてあげる♪》，而且親自到場當櫃姊叫賣，限定的一千五百張CD在二小時四十分內全部賣光，由於網友反應熱烈，同人誌即賣會結束後全國及網路的動漫商店推出限定販賣，這張專輯在iTunes的合輯類排行榜衝上了第十名。

二〇一四年十一月，幸子在網友的力挺下，於武道館舉辦了出道五十週年演唱會，niconico動畫轉播了全場表演的實況。這場原本可能泡湯或被草草安排的紀念演唱會，在延遲一年後以驚人的大規模登場，而這也是幸子出道五十多年首次在武道館辦演唱會。

二〇一五年三月，幸子再度參加於千葉幕張舉行的五年一度的阿宅祭典「同人誌即賣會6」（コミケットスペシャル6），並且在現場阿宅演唱會「OTAKU SUMMIT SPECIAL LIVE」中賣力表演。二〇一五年四月，Last Boss幸子再度參加「niconico超會議」，並且還全副武裝站上擂台大玩摔角。

這年年底，NHK不敢再忽視Last Boss幸子的神威，當年的紅白以特別演出的方式邀請Last Boss降臨，幸子帶著五噸重的裝備「MAGA幸子」上場，唱了讓她紅遍網路的〈千本櫻〉，並且特別在背景中使用了niconico的彈幕，讓網友們爽度破表，一邊上網按讚，還得一邊跟公嬤解釋什麼是「Last Boss降臨」。

如同她從童星轉大人時遇到的低潮期，幸子進入耳順之年，再度遭到主流媒體排擠，但「沙醬」卻得到了年輕人的掌聲與擁戴。但不管是「天才少女歌手」、「演歌女王」或「宅男女神」，幸子這一路走來努力不懈，也不自我設限，而這也是她能鹹魚翻身的關鍵之一。

固力果跑跑人與永遠無法打破的馬拉松紀錄

目前全程馬拉松的世界紀錄為二小時〇二分五十七秒，是肯亞選手Dennis Kipruto Kimetto，在二〇一四年柏林馬拉松締造的。

那世界紀錄中跑最久的馬拉松又花了多少時間？

答案是五十四年八個月六天五小時三十二分二十秒〇三。

這個紀錄的締造者是一位日本人，名叫金栗四三，他被奉為「日本馬拉松之父」和「箱根驛傳之父」，在一九八三年以九十二歲高齡過世。

去過大阪的人，對於日本零食大廠江崎固力果在道頓堀設的那面「固力果跑跑人」巨型霓虹廣告應該很有印象。那是固力果的創辦人江崎利一在一九二二年想出來的商標，靈感來自高舉雙手抵達終點的跑者。

大阪的固力果跑跑人看板，此為二〇一四年改版的六代目。　　圖片提供／達志影像

這個商標至少已經改版七次，道頓堀霓虹廣告則是始於一九三五年，二〇一四年十月進化為LED燈版的六代目，當初的固力果糖果盒上的文案寫了「一粒可跑三百米」，意思是一顆糖果的卡路里足夠用來跑步三百公尺。

傳說初代的跑跑人臉型消瘦，被女學生嫌說長相太恐怖，後來固力果公司參考真實人物改版，金栗四三就是其中一人。

金栗四三是何方神聖，為何會被選在道頓堀河岸一跑就是數十年？

故事要從一九一二年說起

距今一百多年前的斯德哥爾摩奧運在一九一二年五月五日至七月二十七日舉辦，全球有二十八個國家參賽。日本在這一年首次參加奧運，經過前一年舉辦的東京預選賽取得資格者共有五人，但因經費關係最後僅派二人參賽，金栗四三是其中之一，取得一萬公尺和馬拉松的參賽資格，另一人為短跑選手三島彌彥。

日本的田徑運動是在明治初期由英國海軍教官傳入，一九一二年當時的社會不僅還不普及，就連田徑選手本身也搞不清楚比賽項目，例如鉛球、標槍這一類使用器具的運動，日本人甚至連看都沒看過。

總之，日本史上最迷你的奧運代表團，從東京搭船前往海參崴轉西伯利亞鐵路，一路顛簸抵達北歐的瑞典，前後總共花了十六天的時間。

相較於二〇一六年里約奧運，日本政府砸大錢為代表團打造多功能支援中心，裡頭有三溫暖和專用餐廳，一百多年前金栗和三島不但沒有這種待遇，出國比賽的旅費還得自己籌措，據說當時一個人的費用至少一千六百圓，換算成現在的幣值大約二百萬圓，三島出身世家旅費還不算問題，金栗的旅費則是由代表團團長也就是後來被稱為「日本體育之父」的嘉納治五郎幫忙募款。

金栗和三島在長途的火車移動中沒有足夠的空間伸展四肢，吃的是麵包加牛奶，配菜是從日本帶去的罐頭，當時連「泡麵」這種東西都還沒發明出來。而真正的苦難則是在抵達瑞典後開始，一九一二年夏天北歐空前酷熱，七月最高氣溫達攝氏四十度，天氣炎熱再加上高緯度的白夜，兩人吃住睡都無法適應，隨隊教練大森兵藏甚至生了重病，金栗和三島不但無法得到有效的指導，反而必須在練習之餘照顧生病的教練。

二〇一四年固力果看板施工期間，以女星綾瀨遙代班跑跑人。

一九一二年的奧運馬拉松為二十五哩（四十點二公里）比現在二十六哩（四十二點一九五公里）短一點。金栗在東京的預選賽，跑出了二小時三十二分四十五秒的驚人成績，足足比當時世界紀錄快了二十七分。他穿著日本特有的「足袋」，就是人力車夫穿的那種分趾襪，打破了外國馬拉松選手無法跨越的三小時高牆，當時才二十一歲的金栗被日本寄予望厚，大家都以為他能在斯德哥爾摩奧運為日本拿下史上第一面獎牌。

金栗在比賽中迷路了

因為安排出錯，七月十四日比賽當天，金栗遲遲等不到前來接他的車子，他和大森教練匆匆忙忙改搭電車，然後再急急忙忙步行到馬拉松比賽起點的主場館，賽前已經耗掉不少體力，據說，金栗因為吃不慣瑞典食物，當天幾乎處於空腹的狀態，但他依舊硬著頭皮上場。

頂著四十度的高溫，金栗已經有中暑的症狀，接著在折返點附近他又遇到了爬坡路段，可能是因為意識模糊或求生本能渴求樹蔭納涼，金栗竟然跑進了長滿白樺木的林子，當時他已經跑了二十六點七公里。

該屆的馬拉松有六十八名選手參加，其中有三十三人因為中暑棄權，其中和金栗同齡的葡萄牙選手 Francisco Lazaro 在終點前八公里昏倒後，於隔天不治，為近代奧運史上第一位參賽死亡的選手。

金栗跑進了白樺林，樹林裡有一戶農家，據說當時還有有多名選手也誤闖了進來，農家的主人趕快準備茶點讓大家休息，院子變成了臨時的野戰醫院，金栗也混在其中，他坐在院子的長椅上就昏了過去，其他誤闖的選手休息過後又重返賽道，但金栗醒來後並未回到賽道，因為當時時間已晚，馬拉松賽也早已收攤，農家主人很熱心，找來一名會說英語的鄰居問清金栗的狀況，並送他回到住處。

由於另一位團員三島的臨場表現也未如預期，兩人在團長嘉納治五郎帶領下，未參加閉幕式就提早離開瑞典，前往下一屆主辦城市德國柏林考察，三人在德國買了一堆日本沒見過的鉛球和標槍等體育器具，矢言在四年後雪恥。

消失在白樺林裡的日本人

金栗沒有向大會辦理棄權手續，而當年的馬拉松賽也沒有設時間上限，所以金栗被大會列為「競賽中失蹤、下落不明」的選手，套句現代用語叫做「人間蒸發」。當地謠傳他還在森林裡跑步，有記者還呼籲附近民眾如果看到日本人在森林裡跑步，請告訴他比賽已經結束了。

代表團返日後，兩位選手走上了截然不同的人生。學生時代擅長短跑、棒球、滑雪、相撲、柔道和騎馬的三島，可說是文武雙全，但他在奧運場上受到極大挫折，完成帝國大學（現東京大學）學業後進入銀行業，從此退出體育界，一九五四年過世得年六十七歲。

就讀東京高等師範學校（現筑波大學）的金栗畢業後成為一名教師。他並未放棄跑步，一九一六年柏林奧運因為第一次世界大戰爆發而停辦，後來雖然接連參加了一九二〇年比利時安特衛普奧運及一九二四年法國巴黎奧運馬拉松賽，但錯過了運動人生的巔峰期，這兩次成績不佳，一次拿了十六名，一次則是中途棄權。

從某種意義來說，金栗的比賽並沒有結束，他的確還繼續在跑步，只

日本史上最迷你的二人奧運代表團，三島掌旗、金栗舉牌（右），這也是日本唯一一次以「NIPPON」英文國名參加奧運。

不過並不是徘徊在瑞典的白樺林裡。金栗在斯德哥爾摩奧運中受到很大的震撼，他發現日本人對體育的認知猶如井底之蛙，參加奧運的洋人個個人高馬大，日本人沒有身材優勢，也缺乏基礎體能訓練，投身教育界的他倡導學校的體育教育，引進高地訓練法在日本大力推廣馬拉松運動，還有提倡發祥於日本的「駅伝」（驛站接力賽）。

一九一三年金栗發起「富士登山驛傳」，從富士山麓跑上山頂折返，賽道海拔落差達三一九九公尺，創世界之最。接著在一九二〇年又發起通稱「箱根驛傳」的東京箱根間往返大學驛傳賽，每年元月二日及三日舉行的這項競賽，至今仍是日本新曆年節時的重頭戲，兩項接力賽的冠軍隊伍可獲頒名為「金栗四三杯」的獎盃。

一九六七年當時高齡七十六歲已經從教育第一線退休的金栗，收到一封意想不到的邀請函。那是來自瑞典奧委會的邀請，當年為斯德哥爾摩奧運五十五週年，瑞典準備舉辦一場紀念活動。

據說，這場紀念活動就是為了金栗而舉辦，在那五年前也就是斯德哥爾摩奧運五十週年時，瑞典《斯德哥爾摩新聞》在一九六二年七月五日刊登了一篇專輯〈解開奧運五十年之謎〉，其中提到了在白樺林裡消失的日本選手之謎。撰文的記者鍥而不捨找到了當初照顧金栗的農家，這戶農家位於斯德哥爾摩近郊的小鎮索倫蒂納（Sollentuna），農家主人姓彼得（Petre），記者向彼得的後代查明了當時的狀況，報導中說，金栗在事後曾帶著禮物回到農家致謝，自此五十年來，仍和農家維持書信往來。

這篇報導在當時引發話題也引起瑞典奧委會的注意，一九六〇年代金栗因推廣馬拉松及驛站接力賽，在國際體壇上負有盛名，瑞典奧委會確定金栗尚在人世，毫不猶豫地決定舉辦五十五週年紀念活動，邀請金栗重返斯德哥爾摩，希望他回到賽場跑完那場比賽。

一九六七年三月二十一日，金栗在斯德哥爾摩體育場，緩緩地跨步邁向一百公尺前方的終點線，大會廣播也宣布「日本的金栗，現在抵達終點，時間為五十四年八個月六天五小時三十二分二十秒〇三，依此，第五屆斯德哥爾摩奧運所有賽程全部結束。」

抵達終點的金栗也發表感言說：「好漫長的一段路，在這段路途上我都添了五個孫子了。」

一九八三年金栗過世後，瑞典奧委會在索倫蒂納小鎮金栗當初失蹤的地點，設了一塊金栗紀念碑，介紹當年的這段逸事。

二〇一二年斯德哥爾摩奧運百週年，金栗的曾孫藏土義明代表曾祖父前往瑞典跑完當年的全程賽道，並由日本奧委會主席竹田恆和陪同到索倫蒂納小鎮，拜訪當年救了金栗的彼得家。彼得家由第四代曾孫女接受竹田會長致贈的感謝盤，她也請訪客品嘗了當年招待金栗的茶點。

二〇一三年二月底彼得家族推派第三代、第四代及第五代子孫共四人，前往日本出席東京馬拉松大賽，四人後來轉往金栗的故鄉熊本縣名玉市，到金栗的墳前獻花並參觀了該市歷史博物館收館的金栗足袋，彼得七十五歲的孫子說，祖父母生前曾說過金栗是一個笑容燦爛的人。這年金栗過世剛好滿三十年。

金栗在二十歲時以二小時三十二分四十五秒刷新馬拉松世界紀錄，又在七十六歲以五十四年八個月六天五小時三十二分二十秒〇三，締造馬拉松史上永遠無法打破的最久紀錄。同一個人創下最快和最久的紀錄，比戲劇更富戲劇性的跑跑人生。

日本一張小紙條，三天狂賣三十五億圓

日本光憑一張薄薄的小紙條，就能在新年頭三天（正月三が日）創造高達近三十五億圓（約合台幣九億七千八百萬元）的銷售業績。

究竟是什麼小紙條這麼神奇？其實它就是日本所有佛閣神社必備的「神籤」（おみくじ），提供香客用來求籤問卜，透過籤詩判定運勢的吉凶禍福，或是得到神明的指引。

日本在明治維新時期為了西化而改循西曆，雖然過的是新曆年，但仍保留了大部分舊有的傳統，新年頭三天到佛閣神社去參拜就是其中一項，稱為「初詣」。藉由新年伊始的參拜感謝神明在過去一年的保佑，並祈求新的一年平安順利。

部分香客在參拜後，會順便求籤預測一下今年的運勢。在日本神社抽籤，通常一次會收取一百圓的香油錢，有些神社還要另外包二百圓的「初穗料」。

日本媒體曾以初詣人數試算全國佛閣神社新年頭三天在「神籤」上的營收，總額將近三十五億圓。試算的數字是二〇〇九年日本警察廳統計的全國初詣人數，共九千九百三十九萬人，以參拜香客的神籤購買率約百分之三十五計算，約有三千四百七十八萬人購買，乘以每張一百圓，營收為三十四億七千八百萬圓。

更驚人的是，這些用薄紙印成的神籤，每張成本只要一圓。換句話說，毛利高達三十四億四千三百二十二萬圓。

雖然日本警察廳在二〇〇九年以後不再統計全國初詣人數，但近年因赴日旅遊的外國觀光客大幅增加，所以初詣人數相信已經破億。

如果單純用營利的角度來看，這真的是一門穩賺不賠的生意。不但商品內容百年如一日，不用花腦筋創新搞文創，而且還無須擔心有客訴或退換貨的問題，更不用怕被淘X網的山寨貨駁倒，更妙的是，它的銷售業績和景氣呈反比，景氣越差就賣得愈嚇嚇叫。

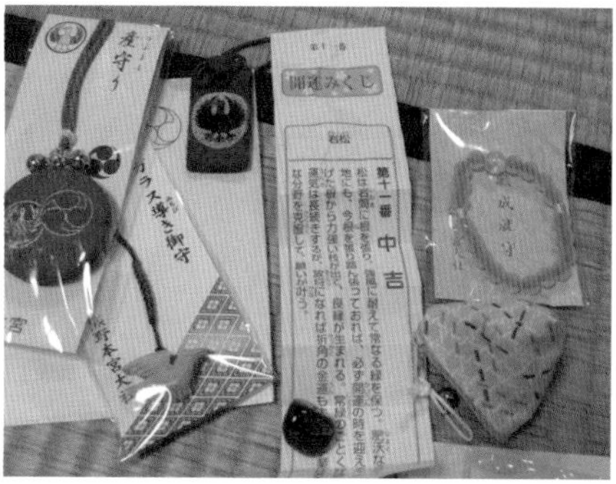

日本神籤和御守。

我們當然不能用這麼市儈的眼光來看待宗教事業。而且事實上，目前在日本神社佛閣流通的神籤，背後還有一段故事，和日本女權運動息息相關。

故事必須回溯到明治元年（一八六八年），明治政府頒布「神佛分離令」之後進行的一連串宗教改革。在男尊女卑的觀念下，女性被禁止擔任神社的神職人員。

山口縣周南市一家小神社「二所山田神社」的宮司（相當於寺院住持）宮本重胤，在一八九九年開始倡議女權，他認為神道教義從未將女性視為「汙穢之物」，起初主張開放女性擔任神職人員，進而爭取女性參政權、鼓吹廢娼運動等。

一九〇一年宮本以在地婦女為主，組成「敬神婦人會」，一九〇五年擴大為「大日本敬神婦人會」成為全國性的組織，雖然得不到社會重視、毫無外界奧援，但宮本仍於一九〇六年創刊名為《女子道》的機關刊物，作為啟發女性敬神與智德的教化刊物。

《女子道》月刊內容並非艱澀的說教文章，而是一般時事新聞、料理食譜、連載小說、人生商談，還有短歌投稿園地，每月發行二至三萬本，讀者遍布國內外。《女子道》發行三十五年又二個月，一直到一九四二年一月被禁刊為止。

在初期沒有外界資金奧援下，宮本從神籤找到了開源的妙方。宮本本身也是一位和歌的「歌人」，他將自己吟詠的和歌與神道訓話結合，繪製成籤詩，成立「女子道社」有限公司召集當地農村婦女以副業的方式，加入神籤印製、裁切、折疊的工作，再販售到全國各地的神社，以籌措月刊發行的費用。

當時日本神社用的神籤大都為傳統的木版印刷，內容艱澀且因木版老舊印出的字跡模糊，宮本的新版神籤不但文字優雅字跡清晰，而且還加了「大吉」到「末吉」等五種運勢等級，受到普遍的歡迎。

此外，宮本在一九〇六年還設計了日本第一台神籤販賣機，成為日本自動販賣機的開端之一，繼任的宮司宮本清胤改良神籤販賣機，增加了燈光、音樂效果，讓「女子道社」生產的神籤遍布到全日本。

「女子道社」可謂是日本神籤業界的「小巨人」，生產的神籤目前在日本神社佛閣市占率高達七成。神籤種類包括流傳百年未曾改版的黑白版

籤詩，還有金色文字的「御神籤」、中韓英文版神籤、印有特定神社名稱的「客製化神籤」共十八種，發行地點從日本國內到夏威夷共有五千多家神社佛閣。

「女子道社」雖然已經不出刊物，但至今仍在周南市的鹿野鄉間繼續運作，現在印刷的工作交給縣內的一家印刷廠以輪轉機印製，再交由大約六十到一百位在地婦女裁切、摺疊、裝箱、郵寄，據說資深的歐巴桑，一天可以完成五、六千張。不過這家日本神籤業界的「小巨人」十分低調，十幾年來都謝絕媒體採訪。

最後補充一點神籤運勢等級的豆知識。

很多人搞不清楚「吉」與「中吉」，究竟哪一個比較吉，根據神社本廳官方說法，一般神籤運勢由大吉到凶，分為六個等級，依序為大吉、吉、中吉、小吉、末吉、凶。

有些神社在過年期間會推出特別版的神籤，在「大吉」之上增加「大大吉」，並且去掉最後的「凶」籤，希望新春參拜的香客都能討個好兆頭，皆大歡喜。

不過若真的抽到「凶」籤，也不用太沮喪。「凶」可以解釋為「〇吉」，有位宮司開釋，「凶」這個字眼就像花盆裡冒出一棵「芽」，芽的日文片假名「メ」（me），只要用心灌溉，總有一天會長成大樹。

《文庫X》地方書店店員的神祕銷售術

日本二〇一六年下半年有一本話題暢銷書《文庫X》，七月二十一日上架，到十月底已狂賣九萬本。這是一本日本特有的A6規格（105mm×148mm）平裝書，也就是一般人稱的「文庫本」。所以《文庫X》只是一個代號，並不是它真正的書名。

這本書之所以會引發話題，主要是讀者購書的時候只知道三件事：一、書價含稅八百一十圓（約合台幣二百五十元）；二、非小說（non-fiction）；三、厚五百頁以上。換句話說，這本書名不詳、作者不詳、內容不詳的《文庫X》，竟能在短短的三個多月吸引九萬人到書店掏錢買書，尤其在這種書店蕭條的年代，特別具有傳奇性。

締造這項銷售傳奇的人是一位書店店員長江貴士，他任職的書店是位於東北地區岩手縣盛岡市的「澤屋書店」（さわや書店），這是一間地區型的老書店。

三十多歲的長江從學生時代就極愛看書，自稱讀過三千多本書，擔任書店店員的資歷超過十年，二〇一五年九月才從神奈川的一家書店跳槽到盛岡的澤屋書店，理由是澤屋書店很敢放手讓店員自己玩。

長江在店內負責文庫本賣場，雖然是新進的菜鳥卻百無禁忌，二〇一六年七月他獨自策畫了《文庫X》的銷售詭計，用「詭計」來形容也許有點誇張，不過這種像驚奇箱一樣的盲目賣書手法，在業界可說是前所未聞。

長江說他在接觸這本《文庫X》的時候，有一種被電到的震撼感，但這種非小說類的書籍原本就不太好賣，如果只是規規矩矩地把它擺在書架上，即使加了手寫POP推薦海報，讀者一看到書名、封面，恐怕連翻都不想翻一下。

自製封套，排除讀者先入為主觀念

他左思右想之後，決定大膽地幫這本書加上另一個封套，蓋住書名、作者和出版社，排除所有可能的先入為主觀念。取而代之的是他在封套上寫了一推薦文，密密麻麻的手寫文案塞滿了整張封皮。

長江在事前幾乎沒有跟任何同事商量，也沒有向上司請示，直到書要上架前才請同事幫忙影印、裁切、包裝，為了怕露餡還加了膠膜，換句話說，讀者必須等到結帳之後拆了膠膜才會知道自己到底買了什麼書。

讀者買不買帳全靠長江在自製書封上寫得密密麻麻的文案。

大概的內容是：

非常抱歉，我真不曉得該怎麼推薦這本書，想不出該怎麼做才能讓各位覺得這本書「很有趣」、「很有魅力」，所以才決定隱藏書名放到架上展售。不過我堅信，只要讀過這本書，一定會大受衝擊和感動。

這本書超過五百頁，而且不是小說，對於習慣只買小說的讀者而言可能有一點難度，難免會有點遲疑。不過我超希望各位能讀這本書。我讀了超過三千本書，這是我打從內心希望能有更多人閱讀的一本書。

長江在書背上還寫了「澤屋書店入魂的一冊！」書封的最後加了但書，拆開之後如果發現已經買過這本書，不管是文庫本或單行本均可退書。

以為只能賣三十本，結果月銷九百八十本

長江把書店進的六十本書統統包裝後放在文庫本賣場的一角展售，除了透過書店推特和社群網路公布有這麼一本書上架的簡單書訊外，並沒有特別做什麼宣傳。

長江說他一開始也沒有多大的把握，就算讀者當作「被騙了」捧場一下，以文庫本而言，八百一十圓的單價算是滿貴的，所以他預估如果能賣個三十本就算功德圓滿，沒想到六十本書在五天內銷售一空。

而且透過讀者在網路上口耳相傳，第一個月竟賣了大約九百八十本。長江任職的地點是澤屋書店位於盛岡市JR盛岡車站內的分店「FES'AN」，一本文庫本如果一個月能賣出一百本，大概就能登上該店文庫本單月銷售排行榜榜首，所以九百八十本可以說是暴量。

因為變成網路話題，全國各地讀者詢問度飆高，最後獲得出版社和作者的許可，這本書就以《文庫X》的神祕狀態，在全國三十五個都道府縣三百多家書店鋪書，出版社原本初版估量三萬本，結果到十月三十一日已加印到九萬本。而光是澤屋的FES"AN店，三個多月就賣了超過三千五百本。《文庫X》在很多書店的銷量，甚至贏過當時最夯的動畫《你的名字》原作。

《文庫X》狂賣三個多月，沒人暴雷

書本大賣當然讓人興奮，但長江超有成就感的是讀者們的一致好評，不管是直接來函或在網路發表感想，讀者說這本書如果照原本的狀態擺在架子上，絕對不會購買，感謝長江的用心讓他們遇到這本好書。

這還不是最神奇的部分。

基本上在這種網路普及的時代，任何「搞神祕」的伎倆，很快就會在網路上洩底，所以只有人在網路上隨便暴個雷，「文庫X」的詭計會馬上破功。神奇的是，三個多月下來《文庫X》在網路上話題不斷，就是沒人貼文暴露書名。

沒人暴雷的原因，比較合理的解釋，應該是這本書的銷售手法讓購買的人心服口服，大家自願成為長江的「共犯」。

《文庫X》暴紅後，該書作者親自跑到FES"AN店向長江表達謝意，兩人商量之後決定在二〇一六年年底公開《文庫X》的真實書名，長江說他最想邀請買過這本書的讀者出席，一起慶祝這個由大家共同創造的奇蹟。

澤屋書店，業界小巨人

值得一提的是，類似像長江這種由書店店員創造的暢銷書奇蹟，在澤屋書店並非第一次。

澤屋書店創立於一九四七年，原本只是盛岡的一家兼賣文具的小書店，後來逐漸擴充門市，成為岩手縣在地的連鎖老牌書店，話雖如此，但規模仍遠遠不及淳久堂、蔦屋這種全國性大型連鎖書店。

澤屋雖然規模不大，但卻是舉國聞名的奇蹟書店，主要是這間書店出了許多業界「教主級」的書店店員。頭號教主就是被封為該店「永遠榮譽店長」的伊藤清彥，伊藤在一九九一年進入澤屋之前，這間地方書店並沒什麼神奇之處，幾位歐巴桑店員在店裡邊聊天兼顧店。

伊藤是一位重度嗜讀者，他一個月可讀完九十本書，來到澤屋後靠著精準的選書功力，捧紅了好幾本書，其中最有名的就是後來曾拍成電影的《天國的書店》。這本書在二〇〇〇年底發行，一年大約只賣了一千本，原本已被出版社打入絕版名單，但經伊藤巧思促銷，二〇〇二年成為全國暢銷書，銷量破三十五萬本。

伊藤的傳人田口幹人捧紅了時代小說《安政五年的大脫走》，據說他在負責時代小說賣場前，總共讀了六百本時代小說。伊藤另一個徒弟松本大介則是將一九八六年出版的《思考的整理學》，從原本七年只賣七萬本的長銷書，捧成三年狂賣一百五十萬本的暢銷書。

他們的手法就是用大量手寫POP，以最直接也質樸的方法在書店一角推書，表面上看起來似乎沒什麼神奇之處，但不論是伊藤月讀九十本書、田口讀的六百本時代小時，或是長江累計讀了三千本書，如果沒有這些閱讀資歷和選書功力，隨便三言兩語打包票掛保證，文青們是不會買帳的。

書店店員，賣書也賣眼光

換句話說，這些被捧紅的暢銷書原本就有其成為暢銷書的實力，書店店員只是在書海裡撈起一顆寶石，把它擦亮放在比較顯眼的地方罷了。而讀者掏錢買的不只是書，其中還有書店店員的眼光。

澤屋書店由伊藤建立了一套放手讓店員自由發揮的賣書傳統，這也是長江大老遠從神奈川投奔到盛岡的理由之一。長江締造的銷售奇蹟，並非「搞神祕」詭計奏效，其背後包含了澤屋書店累積的信譽，那是一種由書店、書店員及讀者長期建立起來的信賴關係。

二〇一六年十二月九日澤屋書店舉辦了《文庫X》的書名解禁發表會。《文庫X》的真實書名為《殺人犯就在那裡》（殺人犯はそこにいる），作者清水潔為周刊記者出身的日本電視台新聞部記者，這本書的內容是清水花了一年半的時間，追查一九七九到一九九六年發生在北關東地區的五件女童連續誘拐殺人事件。清水在追查過程中發現涉案死囚其實是被冤枉的，他協助這名死囚洗刷罪嫌之後還繼續追查犯人，並且鎖定了特定的人物，但日本警方卻未再重新偵辦該案。

《文庫 X》狂賣三個月，沒人暴雷，終於在二〇一六年底公布真實書名，但仍以長江自製書封包裝販售。

這本書的副標為「被隱瞞的北關東連續幼女誘拐殺人事件」，精裝本在二〇一三年出版，文庫本於二〇一六年六月第一刷，長江以自製書封包裝成《文庫X》後到十二月書名解禁短短不到半年，共加印十三刷、全國發行十八萬本，光是澤屋書店就賣掉了五千零三十四本。

清水潔曾在日本電視台製作多集特別報導追查真凶為死囚平反，過程中遭受了很多同業和警方的白眼，出書後也沒預料到會受到太多人的關注，沒想到自己的心血，獲得一位地方書店店員的共鳴，他說起初聽到風聲時還沒有太多的實際感覺，有一次剛好去了盛岡，於是乘機走訪了澤屋書店，看到書店內排滿了《文庫X》覺得這種銷售手法很有趣，後來再看到長江於書封上的手寫推薦讓他內心感動莫名，於是他也配合長江的做法，清水說要裝作毫不知情的樣子，其實還滿不容易的。

書名解禁當天，全國的書店將手寫書封拆掉，澤屋書店也邀請了清水和長江進行對談，開放一百二十名讀者入場，書店的官方推特也同步開放讀者發表感想。

有趣的是《文庫X》書名解禁後，全國六百多家書店仍繼續以長江自製書封包裝銷售，只是在書封正面加印了原有的書名，背面則印上大大的「文庫X」。

百年老鋪不稀奇，日本的千年超級老鋪

以自虐行銷幫日本島根縣打響知名度的動畫導演小野亮，曾把四十七個都道府縣全部拿來酸一輪，其中針對京都的酸文為「創業未滿百年的店，都只能算是創投風險企業」。京都真的到處都是老鋪和古剎，所以一家店如果沒有超過百年以上的歷史，真的會被當成「細漢仔」看待。

但是別以為百年老鋪就有多稀奇，根據日本最大企業徵信公司「帝國資訊銀行」（TDB）在二〇一三年發布的調查數據顯示，日本超過百年以上的長壽企業，總共有二萬六千多家。

日本學者田久保善彥二〇一四年出版的《創業三百年的長壽企業為何仍欣欣向榮》（創業三〇〇年の長寿企業はなぜ栄え続けるのか）一書保

守統計，日本創業二百年的企業約一千二百家、三百年約六百家、四百年約一百九十家、五百年約四十家。全球創業一百年的老鋪，有八成在日本。這樣還不夠驚人。

日本還有創業超過一千年的超級老鋪，TDB公布的統計中至少有七家，但實際上另有其他資料顯示日本的千年老鋪可能高達十九家。

七家TDB列名的千年老鋪包括：

金剛組（社寺建築，五七八年，大阪府）
池坊華道會（生花教授，五八七年，京都府）
西山溫泉慶雲館（溫泉旅館，七〇五年，山梨縣）
古曼（溫泉旅館，七一七年，兵庫縣）
法師（溫泉旅館，七一八年，石川縣）
田中伊雅（佛具製造，八八五年，京都府）
中村社寺（社寺建築，九七〇年，愛知縣）
一文字屋和助（和菓子製造販賣，一〇〇〇年，京都府）

創業於西元五七八年至今已超過一千四百年歷史的「金剛組」，不但是日本創業最久的企業，也可能是全球最古老的企業。創立的西元六世紀飛鳥時代，也就是大家熟知的聖德太子還活著的那個年代。

「社寺建築」白話一點就是蓋寺廟的木工，日本稱建造神社佛閣的木工師傅為「宮大工」。金剛組的成立和聖德太子有很大的關係，當時聖德太子為推廣佛教在全國廣建寺院，但因日本蓋廟技術還不成熟，於是從朝鮮半島百濟找來了三名大師級的宮大工興建「四天王寺」，原名柳重光的金剛重光就是其中一人。

四天王寺蓋好後，金剛重光並未返回百濟，而是留下來負責維修該寺，同時成立「金剛組」承包四天王寺領地內的大小工程。

一千四百多年的歷史足以讓世界上許多國家改朝換代好幾次，四天王寺的五重塔曾因戰亂、落雷、颱風及空襲等七次毀壞，金剛組也同樣面臨過多次經營危機。

其中在明治時代四天王寺因為「神佛分離令」而失去領地，金剛組也因此失去了承包領地內工程的獨占權，後來改變經營形態，以承包各地寺院工程度過難關。

進入昭和時代，只懂得蓋廟不擅經營的第三十七代當家金剛治一，讓金剛組陷入了更大的危機，他在一九三二年於祖先墳前自殺謝罪。因為子女年幼，最後由他的妻子よしえ繼承第三十八代當家，成為金剛組的第一位女棟梁（木匠工頭），這段故事很像NHK晨間劇會喜歡的哏。

昭和的戰爭時期，金剛組根本沒有工程可做，靠著製作軍用木箱勉強營生。

最嚴峻的應該是二〇〇五年面臨的破產危機。

一九五五年金剛組從個人企業轉型為股份公司，除了蓋廟之外也承包土木工程，但畢竟是不熟悉的領域，經營並不順利，隨著事業的擴大，赤字也跟著增加，二〇〇五年瀕臨破產。

當時大阪的高松建築公司老闆高松孝育聽到傳聞，認為不應該眼睜睜地看著國寶級的社寺建築老鋪倒店，基於大阪人力挺大阪人的豪氣，決定出手金援。高松建築成立名為金剛組的子公司買下舊金剛組的經營權。

金剛家族擁有的舊金剛組回歸社寺建築的老本行，現在傳到第四十代當家，手下的宮大工超過百人，至今仍維持師徒制，傳承上千年精湛的社寺建築工法。

或許從此事也能多少理解，大阪人眼睜睜看著夏普嫁給鴻海，心情有多五味雜陳了。

ＴＤＢ列名的千年老鋪中有三家千年旅館，位於山梨縣西山溫泉「慶雲館」、兵庫縣城崎溫泉「古曼」及石川縣粟津溫泉「法師」，三家溫泉旅館都有超過或接近一千三百年的歷史。

慶雲館在文武天皇慶雲二年（七〇五年）創業，當時貴族藤原真人狩獵時發現河中岩縫湧出溫泉，後來開山闢路開啟當地的溫泉業，戰國武將武田信玄和德川家康都經常來此泡湯。二〇一一年慶雲館申請世界金氏紀錄，被認定為全球最古老的旅館。

再來介紹一家是位於京都市今宮神社參道旁的「一文字屋和助」（簡稱一和），創業於西元一千年的和菓子老鋪，招牌和菓子為用竹籤串成手指頭大小的烤年糕（あぶり餅）。

今宮神社是平安時代一條天皇為了鎮壓國內的流行病所蓋的神社，據說一和的開業祖就是在當時移居此地，這家店賣的烤年糕不只是土產糕點而已，還具有無病消災的神效。

一和製作的烤年糕全部出自女性之手，目前的女將是第二十五代目，

一千四百多年歷史的大阪四天王寺。

製法和吃法都是傳承自平安時代，百分之百純糯米、無添加、當日現做，所以只能當場現烤現吃，無法外賣或網購。

在今宮神社前的紅傘涼椅上，享受現烤的年糕和綠茶，是來到此地的香客或觀光客最幸福的時光。

日本的百年、數百年及千年老鋪數量居世界之冠，很多文章都曾分析原因，包括島國日本沒有外來殖民地化或長期內戰造成產業崩壞、安定的雇用制（終身只為一家公司效命）、經營者和從事人員均謹守家訓和商業道德，以「顧客第一」為最高宗旨。

事實上，還有一件大家可能忽略掉的事情，或許要比起千年老鋪更驚人。那就是日本皇室是金氏紀錄認定的「全球最古老的皇室」。

非洲的衣索比亞曾經是全世界最古老的君主制國家，不過在一九七四年軍事政變後，君主制已被廢除。反觀日本皇室一脈相傳，從西元前六六〇年神武天皇至目前在位的明仁天皇已有一百二十五代、二千六百七十六年的歷史，相較之下，英國皇室傳至伊莉莎白二世女皇也才第四十二代。

如果日本皇室能穩定維持二千六百七十六年不倒閉，日本的企業有個千年歷史，其實一點也不奇怪了。

散盡家財記錄鈴木一朗的頭號鐵粉

艾咪（Amy Franz）是一位住在美國西雅圖的四十五歲女性，已婚、有一對子女，看似平凡的她，卻在日本被封上一個非常不平凡的頭銜——「世界一的頭號粉絲」。

日文的「世界一」原意為「世界第一」，在此同時具有「世界第一的鈴木一朗」之意。艾咪是一朗的「頭號鐵粉」，這個頭銜不但獲得了美日媒體和球迷的一致認同，還有一朗的公開認證。

故事要從二〇〇四年艾咪自製的「ICHI-METER」（一朗碼表）開始說起。這年艾咪開始在球場上記錄一朗的安打數，二〇一六年進入第十三年，艾咪為了見證一朗的「神績」，可說是一路走來散盡家財。

學生時代曾經打過壘球的艾咪，因為家住西雅圖從一九九六年起自然而然成為水手隊的球迷，後來進化為死忠球迷，一家四口持有水手的季票。

二〇〇〇年底一朗進軍大聯盟加入水手隊，二〇〇一年打出二四三安締造新人最多安紀錄，這位來自日本的藍武士在球場上專注、賣力，再加上守備位置和艾咪打壘球時代一樣也是右外野，所以馬上擄獲了艾咪的芳心。一朗當然也沒讓艾咪失望，二〇〇二年成為史上第七位連二球季破二百安的新人、二〇〇三年成為史上第三位連三球季破二百安的新人。

二〇〇四年艾咪再也按捺不住了，在看台上以厚紙板自製的「ICHI-METER」開始計數一朗的安打數。這一年一朗破的紀錄可多了，五月打了日美通算二〇〇〇安、八月寫下大聯盟史上首位連四球季二百安紀錄新人、十月初的二五七安改寫了金鷹隊 George Sisler 在一九二〇年締造的紀錄，接著在十月又寫下單季最多的二六二安紀錄。

二六二安新紀錄確定後，這次換水手球團按捺不住了，他們主動和艾咪接觸，情商將這塊記錄了二六二安的「ICHI-METER」和一朗的球鞋，一同放進紐約州古柏鎮的棒球博物館陳列。

接下來的八年艾咪拿了新一代的「ICHI-METER」，坐在塞費柯球場內野右側看台最前方的老位置持續記錄一朗的安打數，遇到生病或有事無法親自看球，必定會把看板交給家人幫忙記錄。

二〇一二年三月二十八及二十九日，運動家隊和水手隊在東京巨蛋舉辦ＭＬＢ開幕戰，艾咪帶著「ICHI-METER」從西雅圖殺到東京觀戰，有趣的是，球場上竟然有日本球迷大排長龍爭相向艾咪要簽名。

從二〇〇四年到二〇一二年七月二十四日，艾咪的「ICHI-METER」已經融入了塞費柯球場，成為球場上固有的風景之一，經過日美媒體多次的介紹，艾咪也成為「日美通算」的一朗鐵粉，所以日本球迷向艾咪要簽名並不奇怪，比較奇怪的是，艾咪竟然從來沒向一朗要過簽名。

不是不想要簽名，而是不想打擾一朗，裡面還夾雜了近鄉情怯的複雜心情。或許「全力付出而無所求」正是鐵粉的最高境界。可是二〇一二年七月二十四日（美國時間二十三日）這天，艾咪的鐵粉生涯面臨了空前的危機，水手球團閃電宣布將把一朗交換到紐約洋基隊。

這個消息讓艾咪差點崩潰，她開著車子直奔球場，途中透過收音機聽到一朗在移籍記者會上的談話，艾咪說她聽不懂日文，但聽得出一朗帶有感傷與興奮的語氣，艾咪強忍淚水來到球場，而奇蹟也跟著發生了。

二〇一六年八月八日，鈴木一朗擊出生涯第三千支安打，是第三十位達成此項紀錄的大聯盟球員，頭號鐵粉艾咪親眼見證歷史。　　圖片提供／達志影像

記者會結束後的賽前練習時，換上洋基新球衣的一朗走進球場，讓全場的水手球迷既難過又難以置信。這時正在練球的一朗卻突然走向右側的觀眾席，他來到艾咪的下方，用英語說：「艾咪，謝謝妳長年以來的支持。」接著艾咪提起勇氣主動向台下伸出手臂，而一朗也毫不遲疑地跳起來和艾咪擊掌，並在「ICHI-METER」上簽名，這讓艾咪明明雀躍不已卻又淚流滿面。

這是一朗和艾咪第一次近距離接觸，也是一朗第一次幫艾咪簽名。當天的比賽過程中，一朗剛好接到一顆界外球，而他也順勢地將這顆球丟入了看台上艾咪的手套當中。

這天的「ICHI-METER」數字從「一〇五」增加為「一〇六」，艾咪為一朗記錄他在洋基隊的第一安。艾咪說她很難過，雖然她選擇繼續當水手的死忠球迷，但會用推特繼續為一朗記錄安打數。

故事還沒結束，那年的聖誕節前夕艾咪收到一件包裹，裡頭有一封一朗的親筆信、一雙球鞋和一支球棒。一朗在信上感謝艾咪獨特的應援方式，讓他受到很大的鼓舞，因為到新球隊後，球鞋的顏色換了，所以希望艾咪務必收下他在水手隊的球鞋。艾咪說她打開包裹的當下樂到差點昏倒。

艾咪的「ICHI-METER」有記錄單季安打三位數看板，還有日美通算及大聯盟通算的四位數看板，這不但讓她忙碌不已也幾乎散盡家財，但艾咪說她從一朗身上學到了做好做滿的精神。

經濟能力不算充裕的艾咪以前在寵物店工作，離職後沒有收入，靠老公賺錢養家，兒女長大後分居在舊金山和肯塔基州。二〇一三年艾咪為了追一朗的日美通算四千安，跑遍全美各球場，經費由老公和女兒贊助，但在二〇一六年一朗即將締造大聯盟通算三千安前夕，艾咪已經湊不出銀兩繼續追，尤其這時的一朗已非先發球員，何時出場很難預料，難度變得相當高。

這年七月，艾咪決定利用群募網站募款，以一支安打一美元計算，目標希望募得三千美元（約合台幣九萬七千元），結果在短短的數天募到將近一萬美元，其中有許多贊助者來自日本。

參與贊助的日本球迷留言給艾咪，感謝她長年來對一朗的支持，認為她應該到場見證歷史的一刻，也希望她代替日本球迷到場，有網友還說一朗一定也會希望艾咪在場，因為她是「世界一」的頭號鐵粉。

二〇一六年八月八日一朗終於在洛磯主場完成大聯盟生涯三千安，成為大聯盟史上第三十位三千安俱樂部成員。守在場上見證歷史時刻的艾咪，這天在她的推特上發文向所有力挺她的網友致謝，艾咪結束她的傳奇的追星行腳，表示終於可以回西雅圖了。

一朗所屬的馬林魚球團官網這天也為一朗製作特集，艾咪成為特集中介紹的焦點人物之一，馬林魚以斗大標題寫著「一朗是這位ICHI-METER女士的全部」。即使艾咪是西雅圖水手隊的鐵粉，但她的熱情已融化了球迷之間的藩籬，這年九月，在球迷的投票力挺下，艾咪獲選為馬林魚的「年度最佳粉絲」（Fan of the Year）。

II 山珍海味鋪

最高明的酸文
島根縣的自虐行銷

「日本第四十七名最有名的縣」
「告訴人家島根縣有世界遺產，沒半個人相信」
「新幹線不停靠的縣」
「出雲大社比縣名還有名」
「光是開了一家超商就會上全國新聞的縣」
「女子會的平均年齡為六十歲」

網路上經常會出現一些檢討「酸民文化」的文章，有人認為酸民文化在台灣特別盛行，擔憂長此以往，會讓台灣社會充滿負面能量。這種擔憂也不能說沒道理，不過，具有負面能量的用語，有時用對了地方，或許可以產生「負負得正」的效果，例如島根縣的自虐行銷術，就是一個經典案例。

有人說最高明的幽默就是開自己的玩笑，日文的「自虐」可以解釋為「自我虐待」，也可以用在程度較輕的「自嘲」，或是現在流行用語的「酸」。曾經是日本四十七個都縣府縣中知名度吊車尾的島根縣，以「日本第四十七名最有名的縣」自居，自己酸自己的結果，真的成功地打響了知名度。

島根縣位於本州西岸，臨日本海，土地面積在全國都道府縣排名第十八，六十九萬人口則排名第四十六，縣內有許多人口過度稀少的山村與離島。

島根縣被認為是日本文化的發源地之一，縣名有「日本列島之根」的意涵，這裡有日本最初誕生的八大島嶼之一的隱岐諸島，有眾神每年定期集會的出雲大社，有二〇〇七年登錄成功的石見銀山世界文化遺產，有蜆仔產量占日本第一的海跡湖宍道湖，還有日韓之間具有領土爭議的竹島，是一個擁有豐富歷史文化、信仰、自然景觀與農牧漁產的城市。

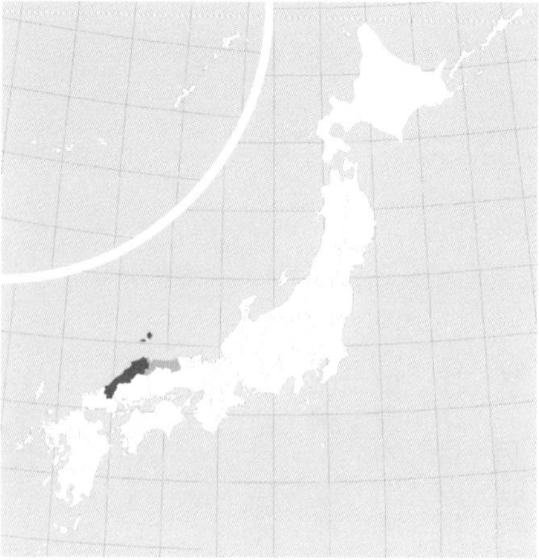

島根與鳥取兩縣的所在位置。

但別說是外國人對這裡很陌生，連日本人都不太能準確地指出島根縣在地圖上的位置。

這是事實上發生過的事情，二〇一五年六月東京電視的衛星台財經頻道WBS，主播以圖卡介紹連鎖超商 7-11 預定在青森縣及鳥取縣首次展店的新聞，結果圖卡上標示為鳥取縣的地點，其實是島根縣，島根縣還常被寫成「鳥根縣」。

島根縣和鄰居鳥取縣不但經常被搞混，而且全國知名度排名一直處於「後段班」，二〇〇七年日本NHK電視製作一集節目《都道府縣擺脫後段班大作戰》（都道府県ワースト脱出大作戦），島根縣的知名度被堂堂列為全國四十七個都道府縣中的最後一名，民眾的反應是「不知道島根縣在哪裡」。

當時鳥取縣因為有水木茂的鬼太郎等妖怪們助陣，尤其前一年的二〇〇六年境港市水木茂街道（又稱妖怪街道）擴充加長，受到媒體大幅報導，知名度大幅上升，所以島根縣搭上便車，二〇〇七年推出「島根縣就在鳥取縣的左邊」的行銷口號，並印在T恤上販賣。

這是島根縣「自虐行銷」的伊始，其他以鳥取縣當假想敵的自嘲口號還有「不不不，這裡沒有砂丘」（砂丘是鳥取縣的著名景點）、「被人家問到，島根在鳥取的什麼地方？」（島根って、鳥取のどのへん？てきかれた。）、「妖怪很多的是鳥取，神明很多的是島根。」（妖怪が多いのが、鳥取です。神様が多いのが、島根です。）

二〇一三年上市的島根縣伴手禮，包裝盒上寫著「島根か鳥取か分からないけどそこら辺に行きました。」（搞不清楚是島根還是鳥取，總之去那一帶走了一趟），因為這句自虐標語，讓島根伴手禮成為話題的旅遊商品。

島根縣自虐行銷的操盤手是化名「蛙男」（FROGMAN）的動畫導演小野亮，代表作為 Flash 動畫《祕密結社鷹之爪》，這是一部脫力系動畫，對白超級搞笑，起初在網路上播出，後來拍成電視動畫，還推出過電影版，人氣度極高。

一九七一年出生的小野亮是土生土長的東京人，二〇〇二年前後因為拍片的關係來到島根縣，不但愛上了這片土地，也愛上了這裡的姑娘，後來結婚定居島根縣，近幾年因為動畫和島根縣的自虐行銷爆紅，為了商務需求才將辦公室移到東京。

小野亮在《祕密結社鷹之爪》動畫中以島根縣當作故事舞台，描述一個祕密組織以征服世界為目標，因為組織成員都有點脫線，所以組織名稱看起來好像很強悍，但征服的手法卻很無厘頭。

動畫主角吉田君在二〇〇八年被任命為「島根超級大使」，小野亮也開始大搞他的自虐行銷。二〇一一年起結合《祕密結社鷹之爪》的角色，推出島根縣自虐月曆和桌曆。每一頁有都小野亮擬稿的「自虐之詩」，自嘲知名度最低的「日本第四十七名最有名的縣」、以富士山申遺成功為梗的「恭喜富士山，by早一步申遺成功的石見銀山」、以東京成功申辦奧運為梗的「我們每年都成功申辦神明大會」。

島根縣也出了很多名人，例如大文豪森鷗外、影星渡哲也、江角真紀子，還有近幾年成績亮眼的日本網球一哥錦織圭。「錦織」算是罕見姓氏在全國僅有一千八百多人，不過島根縣卻占了八百多人，趁著網球一哥當紅，這個哏當然也不能放過，「不要以為姓錦織的都是親戚」，意思是指這個姓氏在別的地方很稀有，但在島根卻如過江之鯽。

島根大玩自虐行銷，從二〇一一年推出自虐月曆爆紅後，不但年年推

上圖：神明很多的是島根。
下圖：妖怪很多的是鳥取。

自虐力

陳出新，銷量從最初的八百本已爆量到二、三萬本，二〇一四年創高峰賣掉三萬六千本。一本月曆若能在日本市場銷售三千本就算是大賣了。

二〇一〇年日本全國都道府縣魅力大調查，島根縣排名第四十六，也就是倒數第二名，但在二〇一三年躍升到第三十五名，全拜自虐行銷奏效，小野亮也成立了「蛙男商會」玩起獨門的自虐商機，二〇一四年玩得更大，把四十七個都道府縣全部拿來酸一輪，五十三款自虐垃圾袋中島根縣占了七款，其他四十六個都道府縣各一款，剛好是一年份的用量。

其中令人會心一笑的酸文，全都切中各縣的要害，如「特產品是總理大臣（山口）」、「創業未滿百年的店，都只能算是創投風險企業（京都）」、「路牌指示：距離便利超商還有一百公里（北海道）」、「不是東北，是北關東（茨城）」、「遠房親戚裡有的是妖怪（鳥取）」。

因為實在酸得很夠味也很逗趣，所以還引來了其他縣的跟風，連續多年被票選為「魅力度」吊車尾的茨城縣，推出海報直接嗆聲「第四十七名的縣？剛剛好而已」，位於四國的德島縣為「四國右下」，三重縣海報列出了伊勢海女、伊勢蝦（龍蝦）、松坂牛、伊賀忍者等十多項全國聞名的特產，海報的文案很委屈地寫著「其實這些全部都是產自三重」。

《拿破崙之村》的本尊

超級和尚公務員高野誠鮮

「高野誠鮮」這個名字，大家一定很陌生，但如果提到「唐澤壽明」以及二〇一五年七月播出的日劇《拿破崙之村》，大家應該多少有點印象。簡單的說，唐澤壽明在劇中扮演的角色，就是高野誠鮮這位人物，不過，本尊在真實世界創造的各種傳奇故事，其實會比日劇演的精采而且更富戲劇性。

《拿破崙之村》的劇本是以高野誠鮮的著作《獻米給教宗的男人》為原案改編而成。內容講述一位超級公務員以天馬行空的怪點子，拯救一個

《獻米給教宗的男人》，講談社，二〇一二。

六十五歲以上老年人口超過百分之五十四的「極限村落」，這種村落等於每二人中就有一人超過六十五歲，如果人口繼續老化下去，整座村莊終將毀滅。高野是原著的作者也是故事的主人翁，他不但成功地獻米給教宗，並以此為契機讓垂死的村莊重生，他還有更大野心，要在全球化的競爭中為日本農業找出終極的生路。

人的一生或許可以從事或扮演很多種工作角色，但有些特殊的職種或身分，一次只能選一種來扮演，例如公務員與僧侶，或是和尚與ＵＦＯ專家。但高野似乎有一種與生俱來的特異功能，可以一次將這些角色全部攬在身上，仿如千手觀音，毫無違和感。

一九五五年出生的高野，現年六十二歲。他曾是石川縣羽咋市的公所職員，他也是日蓮宗的僧侶，本證山妙法寺的第四十一任住持，他還是日本知名的ＵＦＯ專家，曾在太空相關的雜誌當記者，也曾為電視台ＵＦＯ節目寫腳本。一位結合世俗、出家與超自然等多種角色元素，超有哏的傳奇人物。

高野的家鄉羽咋市是個位於能登半島依山傍海的小城鎮，由許多人口過稀的小村落組合而成。父親是日蓮宗本證山妙法寺的住持，因為該宗派的住持並非世襲制，再加上高野是家中的次男，所以從未想過繼承父業，對理科很感興趣的他，高中畢業就到東京讀大學。

但進入大學後高野卻一頭栽進ＵＦＯ的世界，他閱讀了很多書籍和資料，甚至還寫信給任教於史丹佛大學的ＵＦＯ專家 Peter A. Sturrock 博士，以及後來成為聯合國ＵＦＯ計畫負責人的 Colman S. Vonkeviczky。高野像個狂熱粉絲一般，以菜英文寫上對兩人的崇拜。

結果 Sturrock 博士大受感動，不但寄來了回信，還附上一大紙箱他的研究論文，Vonkeviczky 則邀請高野去美國走走開開眼界。受到鼓舞的高野拚命打工存旅費、練英語，終於在二十歲時訪美，也真的見到了 Vonkeviczky。

這趟取經之旅奠定了高野在ＵＦＯ研究上的技巧與人脈，讓他日後成為日本的ＵＦＯ專家，但當時他並沒料想到，有朝一日會以這套看家本領來為自己的家鄉開創一條生路。

找到新興趣的高野並沒有把大學讀完，他離開校園進了一家太空相關的雜誌社當起記者，還為電視台的ＵＦＯ節目寫劇本，有一次前往新墨西哥州採訪時，遇到一位印第安的阿婆，阿婆用塔羅牌幫他算命，鐵口直斷高野是家中的「長男」，未來將繼承家業。光是「長男」這件事就錯了，高野心想自己怎麼可能回去當和尚呢？但回到日本後，他在新宿的一個算命攤，竟又得到了相同的答案。

高野不想繼承家業，他的哥哥也一樣，但若無人繼承，從小出生成長的老家（寺廟）就會變成別人的家。二十八歲那年，高野和父兄商量後，決定硬著頭皮回家當和尚，為此，他重新進了立正大學佛教系。

在人口過稀的小鄉村當寺院住持很難溫飽，高野步上父親後塵在市公所兼差，但因年近三十所以只能當約聘職員，月薪日幣六萬八千圓。既然做了選擇就要全力以赴，高野參加了當時政府推廣的「地方營造」的講習，滿腔的熱血希望為鄉里打開一條活路。

可是所謂的講習，全是紙上談兵，本質只是「上有政策、下有對策」例行公事，沒有人真正採取行動，只是一介約聘職員的高野卻不這麼認為，他開始探訪鄉親、閱讀古老的鄉土誌，尋找屬於羽咋市的在地特色，希望以此來作為「地方營造」的素材，高野自費印了一本「羽咋金氏紀錄」，讓鄉親填寫家鄉最棒的事物。

在閱讀古書的過程中，意外地發現了當地曾有「仿如草帽般飛行物」

UFOの町

的一段紀錄。高野覺得這是天上掉下來的大禮，不但是他的專業和興趣，而且還能搞點什麼名堂出來。

一九八四年高野以擅長的UFO拿來當作地方營造的題材，慫恿在地的小吃店推出「UFO烏龍麵」、在雜誌上發表「市民捕獲野生UFO?!」文章引起媒體注意。

一九九〇年高野在羽咋市舉辦UFO國際研討會，請來了日本太空人和美蘇的科學家，聯合國UFO計畫的負責人Vonkeviczky也以貴賓身分來為老朋友站台助陣，在此之前單打獨鬥的高野終於獲得市公所的支援，也成功地拉到了企業贊助。

高野以UFO打響了羽咋市的名號功不可沒，三十三歲被聘任為正式職員，任職於羽咋教育委員會。他也乘勝追擊，一九九六年由NASA協助設計，在羽咋市興建了一棟宇宙博物館「COSMO ISLE 羽咋」。高野善用媒體炒熱話題，因此也成為媒體紅人，但亮眼的表現卻引來上司的猜忌，上司無心發展在地觀光，認定高野只是為了浪費稅金替個人造勢，二〇〇二年兩人發生嚴重衝突，高野竟被下放到他完全不熟悉的農林水產課。

聽到「不可能、辦不到」幾個字就會火冒三丈的高野，以素人之姿投入在地的農林水產業，面對的是一群幾乎必須靠著助步器才能走到田裡的老農。幸好農林水產課的課長很挺高野，這位課長再過三年就要退休，他告訴高野只要不是犯法的事就放手一搏。

高野的腦子又開始動起來，二〇〇四年他選擇人口只有五百人的極限村落「神子原」，推出了當時還很罕見的「空農地、空農舍情報銀行制度」，招募外地人進住。高野事前調查了日本許多偏鄉招募人口進住的案例，發現絕大多數都以失敗收場，很多偏鄉以提供免費住宅或上百萬圓的補助「拜託」外地人進住，外地人到了當地始終保持「客人」的身分無法扎根，高野心想既然如此就來「逆向操作」，他大膽地對申請者舉辦考試。

考試除了能測試出申請者入住的誠意，也能提高在地村民的連帶感，他讓村裡的老人們當主考官對申請者進行面試篩選，以後入住者要是遇到什麼麻煩或出了什麼問題，村民也不會袖手旁觀。

至於村裡提供的農舍，雖然已經沒人居住，但村民還是不太能接受祖先的靈魂與新的入住者同處一個屋簷下，這時高野運用了僧侶的身分，幫農舍進行「拔魂」儀式，免除屋主的顧忌。

神子原の米

二〇〇五年高野參考古式成年冠禮「烏帽子」，推出「烏帽子親農家制度」，從大學招來年輕學子，在暑假期間以兩星期的時間到農家居住，體驗農村生活，入住的學生必須先和農家主人，像結拜一樣，締結暫時的親子關係。第一批來往的學生，高野刻意安排一群會喝酒的女大生，效果立竿見影，馬上就化解了農家大叔大嬸們的戒心，舉雙手雙腳贊成。

神子原地區位於山區，一一〇公頃的農田全部都是海拔一百五十公尺到四百公尺的梯田，這裡的稻米以雪水培育而成，美味可口，但收購價格不高，農家年平均所得僅有八十七萬圓，不到一般上班族年薪的五分之一，農家靠著農會和公所的補助勉強維生，但久而久之便形成惡性循環，大家懶得思考釜底抽薪的改革之道，讓情況愈來愈糟。

高野從中發現了兩件問題，一是農民無法替自己種的農作物定價，另一件就是補助讓他們失去自立的勇氣。於是他召集村民宣布神子原村「自立、自活」的計畫，方法是自創品牌、自定價格、自己加工販賣，還有另一個重要的必殺技就是「取消補助」。

村民聽到「取消補助」四個字紛紛露出狐疑的神情，當大家得知公所只撥了六十萬圓給高野推動計畫時，狐疑的神色馬上轉變為怒容，眾人指著高野開罵，坐辦公桌的沒下過田不知民間疾苦，有本事要不你來賣賣看。

高野的構想在神子原村一六九戶農家中只獲得三戶認同，為了證明自己是玩真的，高野當場承諾負責將三戶農家二〇〇五年收成的新米五十俵（約三千公斤）以高價賣出，其他的農戶也說，只要高野能說到做到就服他。

沒種過田也沒賣過米的高野並非一時衝動，他已經想好將「神子原米」品牌化。

他說，日本人習慣自我貶低，父母看不到自己孩子的優秀，總要等到鄰居的歐巴桑稱讚，才會發現自己孩子的好。所以他採取了「鄰居歐巴桑策略」，想方設法讓品質一流、知名度三流的「神子原米」登上媒體，而且最好是國際媒體。

他想到獻米給天皇、「米」（美）國總統，還有羅馬教宗。宮內廳本來點頭，但又臨時反悔，白宮則是直接拒收退件，倒是教廷駐日大使館捎來了好消息，大使同意和他見面。

高野說，當時他寫了好多封信給大使，信末還會節錄《聖經》的一節，這簡直就是「向釋迦說佛法」（關公面前耍大刀）。不僅如此，他還直接寫信給教宗，他在信中介紹神子原地區的各種魅力，告訴教宗「神子原」就是「神明之子的高原」，高野並不是向教宗哀求救救神子原，而是詢問教宗有沒有可能品嘗當地產的米：「難道連百分之一的可能性都沒有嗎？」

高野不想以低姿態博取同情，而教廷似乎也感受到他的熱誠，不過當他接到教廷駐日大使的邀請時，還是懷著忐忑的心情，扛著四十五公斤的米送到東京的教廷駐日大使館，結果大使很大方說，神子原村只有五百人，而梵蒂岡是個只有八百人、世界最小的國家，「就讓我來當彼此的橋梁吧。」

高野說，教廷大使說了這段猶如電影台詞的話之後，神子原米成功地獻給了教宗。接著國內外媒體爭先報導，神子原米成為名牌，引起搶購。

有了這個成功的出擊，高野也更有本錢說服在地農家出資成立公司、設立產地直賣所，沒有找上級補助是為了讓農家獲得最多的利潤，當然也是建立禍福與共的危機感，畢竟資金是從大家的荷包掏出來的。

之後，高野還推廣梯田老闆制，第一位報名者的竟是英國駐日領事館職員，據說他是看了《衛報》聞風而來。接著他又請來在青森種出無毒「奇蹟的蘋果」的木村秋則推廣不施肥、不施農藥的自然農法，二〇一二年以自然農法種出的神子原米打進了巴黎的米其林三星餐廳。高野表示，自然農法是拯救日本農業的一條明路，不但可以讓日本農產品抵擋TPP開放外國農產品進口的競爭壓力，也可以讓日本農產品走出去。

高野從一介約聘公所職員，到成為正式職員，一路為羽咋市賣命，有人要他出來選市議員，他笑一笑，問他怎麼還不升官，他也笑一笑。高野成為舉國皆知的「超級公務員」，在二〇一六年三月底退休。高野說不存私心真正為村落著想，久了大家就能理解，村民說「你既不參選也不當官，那我們幫你蓋座銅像吧」，他又笑了一笑。

高野退休後原本只想好好當一個住持，但因為他有太多鬼主意和成功經驗，所以被隔壁縣富山縣冰見市聘為地方創生顧問，接著又被總務省聘為地區創造力顧問，他還到大學當客座教練，並且繼續和木村秋則聯手在日本全國推廣自然農法的觀念，現在大家不再稱他為「超級公務員」而是「高野上人」。

從破產小島變成豐饒之島

海士町的重生

日文的「無いものは無い」這句話有兩種意思，可以解釋為「沒有的東西就是沒有」也能解釋為「沒有叫做『沒有』的東西」，好像在繞口令，但其實有很深的寓意。

在二〇〇三年至〇八年之間瀕臨破產邊緣的離島小鎮海士町，二〇一一年大膽地打出了這句行銷標語，一方面自嘲「都市有的，島上統統沒有」，但在另一方面又很自豪地說「所有重要的、該有的，島上統統都有」。

海士町位於日本海隱岐諸島的中之島，距離島根半島約六十公里，單趟船程約二到三小時。隱岐諸島是日本誕生神話「大八洲國」中，天神開天關地時最先創造的八座島嶼之一，但是「神之子」並沒有特權，這座小島和日本其他六百二十多個有人居住的離島並沒什麼兩樣，因為老年人口凋零和少壯人口外流，島上人口僅約二千四百人，面臨荒島化的危機。

最大的危機來自二〇〇二年小泉內閣提出的「三位一體改革」政策，那是一個關於中央補助款與地方稅制改革的大工程，簡單的說，中央政府不再是有求必應的提款機，地方能做的由地方自己做，再白話一點的意思就是中央放手、地方自謀生路，混不下去的就砍掉重練。

長期仰仗中央補助的海士町頓時陷入了空前的財政危機，當時他們有一項選擇就是與其他離島合併，但海士町是一島一町，合併對財政或許稍有助益，但卻是杯水車薪，二〇〇二年當選町長的山內道雄分批和島上十四個地區的居民開會，最後決定不加入所謂的「平成大合併」，選擇單打獨鬥自闢生路。

怎麼解決財務問題避免海士町真的走上破產一途，山內町長率先帶頭減薪，只領一半的薪水，町公所的員工也接著響應，主管自宮四成薪水，職員則減薪百分之十六到三十，全町因此省下二億圓的人事費用，成為日本薪水最低的地方自治體。

海士町是「神之子」，雖然沒有特權，但仍受到上天的眷顧。這裡有豐富的物產，海裡撈起來的是肥美的海鮮，甜美的湧泉可以種出良質的稻米，豐饒的土地可以養出優質的黑毛和牛。

這些物產雖然足夠島上居民自給自足，但內銷市場卻無法讓他們賺取多餘的金錢以償還龐大的地方債務。海士町沿岸捕撈的岩牡蠣、海螺、烏賊和烏參都屬上等貨，但因位處離島，這些魚貨必須運到鳥取縣境港拍賣，單趟三小時的船程，讓魚貨鮮度下降，價格和競爭力也相對下降。

山內町長決定從根源改善供貨品質，他成立第三部門「故鄉海士」，引進「CAS冷凍系統」（Cells Alive System），這是一種將魚貨凍結保鮮又不會破壞組織的冷凍新技術，一套系統的費用雖然僅約一億圓，但放置這套設備的建築物造價卻高達五億圓。

這是海士町的大賭注，縣議會面有難色，勉強通過了這筆預算，但大部分人都看衰，認為不可能賺錢。CAS冷凍中心在二〇〇五年落成啟用，經過二年試行錯誤，第三年邁入正軌，二〇一二年營收達二億圓，決算盈餘五百九十五萬圓。

以前海士町的漁民一年的收入約八十幾萬圓，辛苦捕魚的所得大都花

隱岐諸島的白島海岸。　圖片提供／達志影像

在運費、冷凍費、漁會與魚市場手續費上，現在這些費用省了大半，海士町的魚貨可以行銷到大都市的百貨、超市，甚至賣到國外，在烏賊盛產的季節，一位漁民二個半月最高可獲利六百萬圓。

冷凍技術讓海士町的魚貨可以像現撈的一樣送到消費者手中，但這其中還牽涉到許多的產銷策略。山內町長將整個海士町當作公司經營，他先為島上的魚產創立品牌，例如春天最肥美的岩牡蠣被命名為「岩牡蠣・春香」、彈牙爽口的烏賊叫做「白烏賊」等，這些海鮮在市場不但有一定的知名度，而且還被定位為高檔貨。

除了海產，海士町飼養的黑毛和牛「隱岐牛」也是絕品，但以前當地農戶只是傻傻地將仔牛賣到外地賺取微薄利潤，山內町長於二〇〇四年成立「隱岐潮風農場」開始發展畜牧業，並建立了「隱岐牛」品牌，現在海士町每年可以出品二百頭隱岐牛，市場評價並不輸給松坂牛。

此外，山內採用了一種很獨特的手法開闢行銷市場，那是從中世紀以來就存在於日本大街小巷的「行商人」。「行商人」就是沿街叫賣的小販，舉凡百貨、藥品、日用五金、動植物，萬物皆有人沿街叫賣。

海士町觀光協會在網路上廣徵「行商人」，沒有資格、學歷及經驗等限制，唯一條件就是把島上的物產賣到外地，至於如何賣、去哪裡賣，完全自由，換句話說就是放牛吃草。

結果很幸運地「拐」到一名電視節目及廣告製作出身的廣告人伊藤喬加入，伊藤說他有一天無聊逛網路時發現一個很有趣的求職網站，抱著好玩的心理，他將所有的求職條件全都選了「其他」，工作內容「其他」、工作地點「其他」，連薪水都選了「其他」，沒想到配對結果竟然跳出了海士町募集「行商人」訊息。

在好奇心的驅使下，伊藤搭了三小時的船到了海士町想一探究竟，結果一上岸後，觀光協會還沒面試就連開了兩晚的酒席慶祝，連兩晚眾人喝到掛為止，直到第三天他要離開前，大家才在宿醉中進行面試，三兩下就談成了。

伊藤接下這個陌生的職務，並不是因為一時衝動或宿醉，而是他想早擺脫體制的束縛，行商人這個自由發揮的工作點燃了他內心的小宇宙。廣告人出身的伊藤，最不缺乏的就是滿腦的新奇點子，他自創了「離島廚房」的招牌，以餐車的模式在東京等都會叫賣這些海士町的特產，招牌菜是「海螺咖哩飯」。

海士町居民吃的咖哩飯習慣放海螺而非肉類，伊藤的「離島廚房」將這項在地小吃也變成了「海螺咖哩」調理包，現在年銷二萬份，日本首相安倍晉三在二〇一四年九月的施政報告還特別以此為例，說明讓年輕人參與地方創生的重要性。

開闢行銷市場是很重要的一環，伊藤靠著「離島廚房」餐車在東京等大都市行銷海士町的物產，營業額是其次，重要的是打響海士町的知名度，淳樸的離島漁夫們一聽到天龍國東京人對他的魚貨讚不絕口，更是爽度爆表幹勁十足。

懂得賺錢也要懂得花錢

首先當然要穩住島上的人口，接著是吸引外地人加入。

海士町人口約二千四百人，在隱岐諸島中算是小島，年輕人口外流的原因，通常是為了求學，島上有間縣立高中「島前高校」，二〇〇八年度學生人數低破三十人，若再繼續減少就要走上廢校或併校一途，如此一來，島上十五歲以上學子將被迫到外地求學，不但人口將會流失，外地求學需要的費用也是一筆很大的負擔。

為避免廢校，海士町主動出擊推出「島前高校魅力大作戰」計畫，海士町到大阪和東京等大都市舉辦離島留學說明會，學校開設了以報考名門大學為主的「特別升學班」和培養在地經營人才的「地域創造班」。提供外地來的學生旅費和餐費等補助。

二〇一二年度島前高校為此增班，二〇一三度入學人數達四十五人，其中有二十二人來自島外，包括東京來的學生，甚至有杜拜回來的歸國子女，現在要申請到海士町「留學」恐怕要比擠進東京的名門高校還困難。

除了學生，海士町也用很聰明的做法吸引外地人移居島上，日文稱為

「Iターン」（I turn），意指從都市移居鄉下，有別於島民從都市返鄉的「U turn」。

海士町不只提供居住與行政服務等多項優惠條件，還推出「研修生」制度。研修生像「試住」一樣，可以到島上研習產業經營或產品開發等技術，來這裡不是傻傻地過日子而是參與，等到研修期滿後可自由決定要留下或離開，島民不會有過多的期待，研修生也不會有過多的壓力，就像日劇《小海女》外婆的名言「來者不拒，去者不追」。

從二〇〇四年到二〇一四年的十年間，總共有近三百戶四百三十多人移居到島上，從人口比例來看已經夠驚人了，更驚人的是移居者的年齡二十多到四十多歲的青壯年，而且其中不乏一流大學畢業或曾在大公司任職的社會菁英，這些人全部成為海士町重生的生力軍。

例如「島前高校魅力大作戰」的策畫者岩本悠，原本任職於SONY公司。另一位來島上成立加工廠，將烏參乾貨賣去中國賺外匯的宮崎雅也則是一橋大學畢業。

磯谷奈緒子原本服務於都會區的飯店，二〇〇〇年她到島上研修商品開發，後來和島民結婚定居，二〇〇七年提案開設了島上第一家公共圖書館「海士町中央圖書館」，她的野心就是要讓整座島都變成圖書館。

同志社大學畢業後在IT創投企業任職的信岡良亮，二〇〇七年辭職移居海士町，二〇〇八年在島上開設公司「株式会社巡の環」，二〇一四年以東京為據點繼續為鄉村與都市尋找連結性，他以江戶時代的「藩邸」（地方大名在江戶的官舍）提案推出「島的大使館」，自己也被山內町長任命為海士町的特命大使。

不止是島外來的移民，海士町土生土長的居民也活力充沛，民宿但馬屋的老闆娘宇野貴惠原本在島外擔任護理師，返鄉後將家裡原本的榻榻米店改為民宿，餐點全部自給自足。

二〇一一年日本福島核災發生後，核能安全神話破滅，海士町在隔年斥資三億圓建設「海士町海藻中心」著手綠能產業。島上經常舉辦研討會，島民從十五歲到七十歲大家聚在一起腦力激盪，隨時都在擠出新點子準備往前衝。

回頭再想想「無いものは無い」充滿哲理的意涵。其實當人們看清楚自己「沒有什麼」的時候，同時也會看到自己「有什麼」，選擇用正面的方式去看待，或用負面方式去感嘆，全在一念之間。

從官僚之夏到知事之春

「一村一品」之父平松守彥

一九六〇年八月，永田町附近新開幕的新日本酒店內，正在舉行一場攸關日本國產電腦存亡的重要談判，如果談判破裂，日本研發的電腦將變成無用的廢鐵，所有已經投入的大筆資金及人力均血本無歸。

談判雙方是日本通產省和美國ＩＢＭ電腦公司。酒店外，國會議事堂前被反安保的群眾層層包圍，衝突一觸即發。酒店內，通產省重工業局長佐橋滋帶領該局電子工業課平松守彥等年輕幹部和ＩＢＭ副社長勃肯（James W. Birkenstock）的談判也瀕臨破裂，房間內充滿火藥味。

當時日本為了扶植國產電腦研發，對外國電腦設下層層關卡限制進口，通產省面臨了內外壓力夾擊。國產電腦雖然研發成功，但通產省發現其中有些專利技術必須取得ＩＢＭ授權，否則電腦就算做出來了也不能上市。從研發能力和投入的資金相比，日本與美國的電腦產業，被稱為是一場「蚊子與大象」的對抗，通產省官員希望勃肯以較低的費用授權，籌碼是日本解除對ＩＢＭ日本子公司的外匯禁令。

由於談判瀕臨破裂，佐橋滋和幾位年輕幹部退出房間，現場只剩下時年三十六歲的平松守彥和勃肯兩人「釘孤支」。英語不是很流暢的平松，遇到重要的關鍵字就邊查字典邊和勃肯筆談，雙方大戰十八回合後，勃肯終於態度放軟，達成了符合通產省期待的協議。

曾經看過二〇〇九年播出的日劇《官僚之夏》的人，對這段故事應該會有一種似曾相識的感覺。其實該劇第五集就是依據這段史實改編而成，劇中和ＩＤＮ副執行長談判的堺雅人就是平松守彥的化身。

平松守彥在二〇一六年八月二十一日以九十二歲高齡辭世，他的公職生涯長達五十四年，超過半世紀。除了政府官僚菁英的身分之外，他還有另一個身分是大分縣的老知事。

《官僚之夏》人物的原型，平松守彥。
圖片提供／達志影像

平松在一九四九年進入通產省前身的商工省，擔任二十六年的中央政府官僚，經歷的正是日本從戰後的廢墟中迅速爬起，創造經濟奇蹟的那段歲月。

作家城山三郎筆下的《通產省官僚之夏》，也就是日劇《官僚之夏》的原著，參考史實描寫了那段「good old days」。當時不管是票選出來的政治家（公職人員），或是政府體系內的官僚（公務人員），即使彼此意見相左，爭得你死我活，但大家一致的目標就是要讓日本重新站起來。

平松是其中一員，一九六〇年他和IBM副社長勃肯「釘孤支」的那場談判，只是他官僚生涯的代表作之一，日本電腦產業發展，包括軟體產業的育成，平松都扮演了吃重的角色，他也是一九七〇年代促成富士通＋日立製作所、NEC＋東芝、三菱電機＋沖電氣等六家公司攜手，共同轉型為「日本三大電腦集團」的催生者之一。

平松在一九七五年以國土廳長官官房審議官的身分退官。二十六年的官僚生涯已是人生的一大半，但對當時才五十一歲的平松而言，那只不過是人生的一個折返點。退官之後，他在一九七五年出任大分縣副知事，一九七九年當選大分縣知事，至二〇〇三年退任，共任六屆二十四年。

日本對於票選的公職人員並沒有連任限制，只要有本事可以一直選一直連任，平松做了二十四年的知事並不是最長的，但在日本也算少數，退任時他已是個八旬老人。

從中央轉身到地方，平松並沒有天朝大官的身段，他認為中央政府掌管的是「貨幣、國防、外交」，社會福利、教育及農業應放手讓地方政府負責。在全球化的潮流中，他很早就著眼於在地化的發展，一九七九年他就任大分縣知事後，推廣了一項影響許多開發中國家的「一村一品運動」，其中台灣也包括在內。

「一村一品運動」（OVOP），簡單的說就是以大分縣內的市町村為單位，發展當地的特產品。這個概念並非由平松原創，它的起源有兩種說法，一是宮崎縣綾町在一九六〇年代後期推廣的「一坪菜園運動」和「一戶一品運動」。另一個是一九六一年大分縣大山町的稻田轉作梅子和栗子的「種梅栗賺大錢，來去夏威夷」運動。

總之，大分縣職員考察後從中得到靈感，由平松加以發揚光大。大分縣在江戶時代，也就是所謂的藩政時代小藩林立，即使到了戰後縣內的部分市町村仍壁壘分明，平松利用這種對抗心理逆向操作，以一村一品運動帶動地區的競爭，他尊重地方的自主性，縣府提供技術和市場調查等支援。

一九八三年他創辦「豐饒之國講塾」（豊の国づくり塾），將全縣分成十二區並設立分塾，地區民眾白天勞動生產，晚上聚在一起上課檢討，一村一品運動不是只追求產量、產值，還有人才的養成與傳承，目標是藉此活化地方。

平松打出的口號是「在地全球化」（ローカルにしてグローバル），在地方生產可以流通全球的產物。一村一品運動讓大分縣成功打響知名度，大分的香菇、臭橙、溫室蜜柑、豐後牛、關鯵和大分麥燒酎都是全國知名品牌，高達三百三十多種的特產品中，有一百三十多樣年銷售額達上億圓，生產總額高達一千四百億圓。

一村一品運動的成功模式，後來成為各國爭相學習的典範，先後推廣到全球三十幾個國家，尤其在亞洲及非洲倍受推崇，台灣經濟部中小企業處於一九八九年，在三一九鄉鎮推廣的「一鄉鎮一特色」也是源自於此。有趣的是除了開發中國家，美國路易斯安那州也學習推廣「一郡一品運動」，平松也因此在一九九五年獲頒被譽為「亞洲諾貝爾獎」的「拉蒙・麥格塞塞獎」（Ramon Magsaysay Award）。

此外，平松在二〇〇〇年爭取了京都的立命館大學到別府市開設立命館亞洲太平洋大學，積極協助二〇〇二年日韓世界盃足球賽申辦，讓大分縣成為九州地區唯一的比賽舉辦地。

山村阿婆賣樹葉年賺千萬圓

位於四國德島縣的上勝町是一個海拔五百到七百公尺的小山村，居民大約八百戶、一千六百人（二〇一七年）為四國人口最少的一個町，和日本所有偏鄉一樣，這裡人口外流，而且嚴重老化，六十五歲以上的居民占了一半以上，八十歲以上老人更占了二成，但這裡的老人院卻因為沒人入住而關門，因為老人家們熱中於做環保、上網賣樹葉，忙到沒時間生病養老。

賣樹葉？沒有搞錯，就是生長在大自然裡一見平淡無奇的樹葉，這裡的阿婆們靠著賣樹葉，一年賺進二億六千萬圓（約合台幣六千七百七十萬元），老人家平均年收一、二百萬圓，比較厲害的阿婆可達上千萬圓。

不過在介紹這些事之前，先來認識一下這個小山村。

上勝町位於德島中部的山岳地帶，距離德島機場車程約一個半小時，町內最高峰為一四九五點九公尺的雲早山，這裡也是德島縣二級河川勝浦川的上游。最有名的地貌風景就是「樫原棚田」也就是梯田，二〇一〇年被指定為國家重要文化景觀，據說它保持了二百年前原有風貌，也被稱為「日本的原風景」，美麗的自然風光讓它入選日本最美的十四座村莊之一。

上勝町以前主要產業蜜柑、林業和建築業，這三種產業都是靠天吃飯，一九八一年這裡發生了相當嚴重的寒害，小山村面臨了滅村的危機，即使沒有壞天氣的作弄，人口老化的山村其實也已經沒有多少人能夠負荷這些重勞動的工作。

小山村沒有滅村，要歸功一位外地人，現在已經年近花甲的橫石知二。德島市出生的橫石在一九七九年剛從縣立農業大學畢業，被派到上勝農協擔任農業經營指導員，當年才二十歲的他只是預定在這個山村混個二、三年資歷，以便未來轉到縣政府當公務員，所以即使從德島市區的住家開車上山得花一個多小時的車程，他還是堅持每天開車通勤，並沒打算在山上落戶，沒想到這樣的通勤人生竟然持續了近四十年。

上勝町的人口在一九五〇年約六千三百多人，但到一九七九年減少了超過一半僅剩約三千人，橫石說，當時上勝町的年輕人口幾乎全跑到外地就學就業，町裡勞動人口年齡偏高，一到了雨天，町公所或農協就被一堆抱著酒瓶的大叔占據，因為不管是種蜜柑、伐木或蓋房子，遇到下雨就沒辦法工作，田裡的活全都丟給女人負責，男人抱怨老天、抱怨窮鄉僻壤，女人則抱怨男人，大人要小孩用功讀書好早日脫離這個鬼地方。

七〇年代海外廉價木材進口打擊了上勝町的林業，他覺得這樣下去不是辦法，規勸大叔們別再偷懶喝酒，規勸村人別盡顧著抱怨，希望輔導他們轉作，卻被當成外地人拒於門外。一九八一年寒害發生，即將收成的蜜柑不但全部泡湯，連蜜柑樹也幾乎全被凍死，但這卻給了當地打掉重練的契機，村民開始接受輔導轉作菜葉、根莖類蔬菜和香菇，收入也慢慢有了改善。

一九八六年某天橫石到大阪青果市場交貨後，在附近的壽司店用餐，鄰桌有三位女大生看到餐盤裝飾的楓葉興奮地直呼「好美」，還用手帕把楓葉小心翼翼地包起來放進包包裡。

橫石被女大生的舉止嚇到，拿起了自己餐盤上的楓葉端詳了半天，心

在德島上勝町，賣樹葉成為一筆好生意，阿婆拿著平板電腦採樹葉。　　攝影／楊明珠

想，上勝町有滿山滿谷的楓葉，從來沒有人會用手帕包回家，但下一秒，他便看到了無限商機，腦裡響起收銀機「叮噹」的聲音，「對了，我們也可以來賣樹葉！」

橫石把他的世紀大發現帶回了上勝町，卻被大叔大嬸們當成「起肖」，有位大嬸還笑著說，你當自己是狸嗎，竟然以為可以將樹葉變成鈔票。狸在日本民間傳說是一種可以操弄幻術的動物。

橫石先說服當地種植花木的農家，一開始只有四位大嬸半信半疑的加入，八七年他推出了「彩」（いろどり）的品牌，專賣上勝町美麗的花草樹葉。但要說服別人掏錢購買隨處可見的樹葉，果然不是一件容易的事，起初銷路奇差，為了推廣樹葉商機，橫石花了二年時間自掏腰包吃遍京都高級料亭，研究料亭用的葉子並且和料亭老闆博感情。

橫石當時的月薪約十八萬圓，除了起初的那幾年將薪水拿去料亭進貢之外，後來為了拓展「彩」的事業，又拿著薪水去做公關，在上勝町農協工作的十七年從沒拿半毛錢回家，所幸橫石在婚後繼續和父母同住，父親是公務員收入穩定，太太也是職業婦女對他非常體諒，放任他這個變相的「啃老族」，太太曾經開玩笑地說橫石花掉的那些錢多到足以蓋一棟豪宅。

其實，橫石不但付出金錢也付出了健康，長年的料亭應酬讓他得痛風，而且成為三高一族，二〇〇三年因為過勞引發心肌梗塞，在鬼門關前走了一遭。

上勝町不但四季分明，每個季節都有代表的植物，橫石開始注重品質管理，讓相同種類的樹葉大小、顏色一致，慢慢地銷量逐漸提高，另一方面他也將日本料亭最重視的季節感做成檔案，以掌握每種樹葉的出貨時機，樹葉的銷量提升後，「彩」的品牌打出名號，市場隨之擴大，九四年營業額首度突破一億圓。

九六年橫石已在上勝町農協工作十七年，他看著樹葉生意穩定，其他農產也有好的收成，村民們忙著賺錢根本沒有時間再抱怨，他覺得該是自己下山的時機，向農會提出辭呈，沒想到消息一曝光，村民差點發生暴動，數百位村民連署要他留下來，甚至去向町公所交涉，讓橫石從農協轉到公所上班。

橫石感動於村民的盛情也接受慰留，轉到公所上班繼續壯大「彩」的事業，並且以電腦化提高作業效率，九八年和電信業者合作開發老人專用電腦軟體，並為每戶生產者裝設了電腦。九九年上勝町正式出資成立第三法人企業「株式会社いろどり」，由橫石擔任社長，以生產者、農協及公司的形式擴大上勝町的「樹葉商機」。

現在上勝町每年可以出貨超過三百二十種葉子，市占率達八成，因為採收、包裝及出貨都不需要重勞力，所以中高齡女性也能參與，這裡的阿婆們人人會用電腦，隨手都有一台平板可以查詢當天該去採收哪種樹葉。二〇一六年橫石再與德島大學合作，試辦以無人機搬運樹葉到集散地，以減輕老人家的負擔，這項計畫預定在三年後運用普及，老人家與最新的科技之間毫無距離。

二〇〇三年韓國男星裴勇浚因為《冬季戀歌》紅遍全亞洲，當時日本有許多師奶為之瘋狂，稱呼裴勇浚為「ヨン様」，由於橫石的橫字發音為「ヨコ」，所以上勝町的大嬸們尊稱橫石為「ヨコ様」，還開玩笑地說「愛上了『ヨン様』很花錢，但愛上了『ヨコ様』卻能賺很多錢」。

因為老人家都忙著賣樹葉賺錢，這裡的町營老人院在二〇〇七年因為沒人入住而關門歇業，上勝町的老人比例全縣最高，但醫療花費卻是全縣最低，在這裡八十幾歲的老人年收一、二百萬圓，其他地方的老人領年金養老，他們卻還能繳稅金。

德島上勝町的老人家忙著賣樹葉賺錢。
攝影／楊明珠

老人家不但無需子女奉養，還有閒錢給子孫當零用錢，假日經常看著年輕人開著阿公阿嬤送的轎車上山來探望祖父母。有一戶人家曾經發生過這樣的趣聞，六十多歲的大叔來跟橫石抱怨，家裡八十多歲的老母竟然瞞著他投資國債，老母手上拿著平板電腦氣定神閒地說，買國債既能避險又能節稅，一切全在她的掌握之中。

上勝町的傳奇，不止這一件。

有了自己的事業後，老人家們也有了自信，二〇〇三年上勝町成為全日本第一個喊出「零垃圾宣言」的村莊，目標在二〇二〇年讓所有需要掩埋或焚化的垃圾歸零。村民致力環保的理由是，因為住在河川的上游，如果把河水弄髒了，對下游的人說不過去。

其實在這之前，日本於一九九七年實施「促進容器與包裝分類回收法」之後，上勝町已開始進行垃圾分類，分類項目從起初的九項，現在已增加到三十四項，分類之細獨冠全國。

上勝町早在二〇〇〇年就關閉了町內的二座垃圾焚化爐，町裡也沒有垃圾車在大街小巷收垃圾，村民必須自行將回收的物品送到集散中心，但在那裡看到的不是垃圾，而是整理得乾乾淨淨的物資，民眾可以取走需要的用品。

資源回收場設在介護預防活動中心旁，由NPO組織設了「くるくる工房」，老人家將回收的舊衣物或用品，重新製作成生活雜貨，然後放到附設商店中銷售。

二〇一三年村裡開了一家「上勝百貨店」，裡面販賣的柴米油鹽醬醋茶等上百種生活必需品全部無包裝，以散裝販賣，而且消費者必須自行攜帶容器，買米，自己帶罐子、買醬油，自己帶瓶子、買肉，自己帶盒子，一切回歸到古早年代。

二〇一五年初上勝百貨店搬到町公所附近，改名為「上勝雜貨店」重新營業。原址改建成BBQ餐廳啤酒釀造廠，在同年六月開幕，這棟建築最大的特色就是利用回收的建材和家具興建而成，賣的食物全都是有機栽培，還有以當地特產柚柑搾汁後果皮製成的啤酒。

另外，二百年不變的梯田風光從二〇〇五年起也有了變化，上勝町推出「梯田所有制」，出租給都市人來這裡當假日農夫，體驗稻米耕作和採收的樂趣，上勝町則以此增加收入，解決勞力不足的問題。

回歸自然、回歸謙卑的上勝町，現在每年平均有二、三十人申請移入，這個高齡者居多的小山村，透過書籍、報導及電影上映，成為偏鄉重生的示範村，每年吸引超過四千人來此取經。

茨城vs.群馬

魅力度吊車尾PK戰

日本「品牌綜合研究所」（ブランド総合研究所）從二〇〇九年起針對四十七都道府縣的「魅力度」進行網路民調，結果和東京同屬首都圈的茨城縣，在連續九年（二〇〇九至二〇一七年）發表的排行榜中有七次吊車尾，唯一一次二〇一二年的倒數第一名寶座被群馬縣搶走。

茨城與群馬同屬北關東地區的農業大縣，不但物產豐富也有多樣的觀光資源，兩縣的知名度都不低，但就是少了一點魅力，這樣年年搶著吊車尾的成績，說來實在有點不光彩，但兩縣似乎也不以為忤，反而引來一群

《茨城 vs. 群馬》，講談社，二〇一七。

好事者義憤填膺，乾脆把兩縣所有的看家本領全部攤出來，來一場魅力度吊車尾的PK戰。

這種擺明了要鄉親評評理的一本書《茨城 vs. 群馬 北關東死鬥篇》在二〇一七年三月中出版，沒想到書一上市立刻就在網路上引起熱議，意思是說，「吊車尾」這件不名譽的事，原來也可以變成一種賣點。這種頗有「既視感」的行銷手法，類似「島根縣的自虐行銷」，位於日本西岸的島根縣與鳥取縣，在四十七都道府縣的「知度名」排行吊車尾，外來遊客經常分不清楚這兩縣，兩縣乾脆拿這件事互虧，反而達到了互相哄抬的效果。

牛久大佛 vs. 高崎觀音

茨城和群馬兩縣的面積均超過六千平方公里，雖然在四十七都道府縣中排名中等，但比起鄰近的東京都足足大了三倍。茨城人口約三百萬，群馬則約二百萬，兩縣的可住地面積和人口換算，茨城每戶住宅平均面積為四百二十五平方公尺（約一二八點五坪）為全國第一名，群馬也有三百五十五平方公尺為全國第九名，相較於此，東京都每戶住宅平均面積僅為一百四十平方公尺。

因為可住的面積夠大，茨城和群馬兩縣的民宅都大得不像話，有位嫁到東京的主婦得意地說，婚前帶男友回群馬老家，結果男友看到她家的大房子都驚呆了，偷偷問她老家是不是「好野人」。其實像她家這種規模的房子在群馬非常普遍，但看在東京人的眼中卻猶如豪宅。順帶一提，群馬的平均地價約東京的十分之一。

雖然土地寬廣但卻缺乏公共交通工具，茨城和群馬的縣民普遍以汽車代步，二〇一五年統計，每一千人自用車數量，群馬為全國第一名的六八三點九輛、茨城第二名六六〇點五輛。茨城縣民對「有車」的概念並非「一戶一輛」而是「一人一輛」，群馬縣的年輕人普遍在上了高三後考駕照，高中的畢業禮物就是一輛汽車。

因為汽車持有率實在太高了，所以群馬縣有個笑話，如果有人在路上步行，一定會被當成可疑分子引來異樣的眼光，因為當地不開車的人實在太稀有了。

或許是因為土地大，茨城和群馬兩縣著名的觀光景點也是以大取勝，最具代表的就是茨城的牛久大佛與群馬的高崎觀音。

牛久大佛位於茨城縣牛久市本山東本願寺，高一百二十公尺（像高一百公尺、底座二十公尺），被金氏紀錄認定為全球最高的青銅製立像。光是大佛的臉就長達二十公尺，勝過奈良大佛的十四點九八公尺，總重逾四千公噸，佛像內部還設有電梯可搭到八十五公尺的高度。

高崎觀音則是位於群馬縣高崎市慈眼院，全名為「高崎白衣大觀音」，雖然高度僅有四十八公尺不到牛久大佛的一半，但因為位處標高一九〇公尺的丘陵地上，所以看起來也十分雄偉。觀音像內雖然沒有電梯，但分為九個樓層，每個樓層都設有佛像。

水戶偕樂園vs.富岡紡紗廠

話說回來，所謂的「魅力度」究竟是指什麼？「品牌綜合研究所」列舉的項目，包括認知度、情報接觸度、地區印象、觀光意願、居住意願、產品購買度及觀光經驗等項目。

茨城和群馬的魅力度吊車尾，代表兩縣在這些項目上拿的分數並不高，但民調畢竟是憑印象打分數，印象的形成有許多原因，可能是兩縣宣傳不

牛久大佛。
攝影／許綉幔

足，也可能是太靠近東京，風采盡被搶走，總之，如果亮出觀光資源，兩縣也不會太遜色。

舉例來說，日本有很多「三大」，茨城和群馬就列名了好幾項。

日本三大名園：金澤兼六園（石川）、岡山後樂園（岡山）、水戶偕樂園（茨城）。

日本三名瀑：日光「華嚴瀑布」（栃木）、熊野「那智瀑布」（和歌山）、奧久慈「袋田瀑布」（茨城）。

日本三大湖：琵琶湖（滋賀）、霞浦（茨城）、佐呂間湖（北海道）。

日本三大花火大會：大仙全國花火競技大會（秋田）、土浦全國花火競技大會（茨城）、長岡祭大花火大會（新潟）。

日本三大烏龍麵：讚岐（香川）、稻庭（秋田）、水澤（群馬）。

日本三大名湯：有馬溫泉（兵庫）、草津溫泉（群馬）、下呂溫泉（岐阜）。

水戶偕樂園位於茨城縣水戶市，園名來自孟子的「古之人與民偕樂、故能樂也」，一八四二年開園，一九九九年與旁邊的千波

日本三大名湯之一：群馬草津溫泉。　　圖片提供 / 達志影像

公園合併為「偕樂園公園」面積達三百公頃，成為全世界面積第二大，僅次於紐約中央公園的都市公園。

偕樂園是日本三大名園中唯一免費入場的庭園，有別於其他日式庭園，這裡種滿了梅花而非櫻花，光是本園不含合併的部分，就種有一百種三千多棵梅花，每年二月下旬到三月上旬是賞花旺季。二〇一五年被文化廳列為「日本遺產」，每年約有一百萬人入園。

說到「遺產」，群馬縣的富岡紡紗廠在二〇一四年被UNESCO正式登錄為「世界文化遺產」。設立於一八七二年的富岡紡紗廠是日本第一座機械化紡紗廠，這是一座官營工廠，也是明治維新工業現代化的代表之一，這座紡紗廠的設立不但提高了日本生絲品質和產量，還透過出口賺取大量外匯，可說是拯救日本不至於淪為列強殖民地的大功臣。

不過，雖然躋身世界遺產，富岡紡紗廠和日本其他的世界遺產比起來略顯單調，二〇一四年剛被認定時入場數高達一百三十多萬人，隔年降為一百一十萬左右，二〇一六年跌破百萬約八十多萬人。

或許缺少了強而有力的行銷手法，群馬給人的觀光印象一直暗淡無光。日本人想到觀光，第一個浮現腦海的就是溫泉，二〇一三年九州大分縣以

「溫泉縣大分」（おんせん県おおいた）登錄商標，自居為日本第一的溫泉縣，這事讓群馬人不太開心，因為如果就溫泉自然湧出量，群馬的草津溫泉每分鐘湧出三萬二千三百公升為日本第一。

群馬的安中市「磯部溫泉」是溫泉標誌的發祥地，縣內還有知名的伊香保溫泉、水上溫泉、四萬溫泉、藪塚溫泉，泉質和泉量都是一等一，但日本人提到溫泉卻不會第一個想到群馬，甚至列名日本三大溫泉之一的草津溫泉，很多人還誤以為它位於長野縣。

納豆 vs. 蒟蒻

不只是日本人，就連台灣人說到茨城的特產，第一個想到的就是納豆。水戶納豆的確是茨城名滿天下的特產，但如果以為茨城只產納豆，那就有所不知了。茨城是日本僅次於北海道農業大縣，二〇一四年的農業產出額高達四千二百九十二億圓，茨城的哈密瓜每年產量高達四萬噸為全國第一，比第二名北海道的三萬噸足足多了一萬噸，但一提到哈密瓜，大家異口同聲說的都是北海道夕張。茨城也是日本越光米的第二大產區，但市場知名度卻遠遠不及新潟越光米。

不僅農產豐富，茨城的漁獲量也是嚇嚇叫，這裡的海域為黑潮與親潮的交會處，每年的鯖魚漁獲量達十四萬噸以上為日本第一，但說到鯖魚高級品，大家想到的卻是大分縣佐賀關的「關鯖」。

茨城的農產品主要銷往東京地區，二〇一五年在築地中央批發市場銷量達五百六十六億圓也是全國第一，換句話說，如果沒有茨城的農夫，東京人就要餓肚子了。

因為茨城農漁產豐富，而且不乏高價位產品，據說縣裡有不少富農，舉個例子說，日本人在小孩滿七歲、五歲及三歲做的「七五三節」，通常就是讓小孩穿著和服到神社拜拜，頂多再到相館拍個寫真留念，但茨城南部的「七五三節」可就豪氣了，租下飯店辦桌，仿照結婚喜宴，小女孩還會中場換裝，一攤下來少說也要花個上百萬圓。

說到「七五三節」，其實群馬才是發祥地，這裡雖然沒有茨城高調，但每年五月五日男兒節掛的鯉魚旗（こいのぼり）就招搖了，館林市的鯉魚旗號稱世界第一，每年少說也要掛個上千枚才夠看。

群馬農業特產以蒟蒻和下仁田蔥最有名，因為是火山土壤，適合蒟蒻

茨城筑波的粉蝶花海。 攝影／楊明珠

栽種，二〇一五年年產量五萬六千五百噸為全國第一，下仁田蔥又長又肥又香甜，直徑可達六到九公分，是江戶大名的最愛，所以又有「殿下蔥」（殿様ネギ）之稱。

由於盛產蒟蒻和蔥，群馬縣結合當地的「上州和牛」，發展出完美的壽喜燒。另外，群馬的小麥二〇一五年收穫量為二萬三千五百公噸，位居全國第四，這裡的麵粉製品很發達，美智子皇后娘家「日清製粉」的前身「館林製粉」，就位於群馬縣館林町。伊香保町的水澤烏龍麵名列日本三大烏龍麵之一，不過大家提到烏龍麵還是想到讚岐，知名度也不如隔壁長野的「信州蕎麥麵」。

玉米棒 vs. Peyangu 日式炒麵

除了農漁牧產品外，茨城和群馬還有名聲響亮的加工食品，茨城首推零食「玉米棒」（うまい棒），群馬則是泡麵「Peyangu 炒麵」（ペヤングソース焼きそば）。

玉米棒的生產商「RISKA」（リスカ）總公司位於茨城縣常總市，

Peyangu 炒麵的生產商「MARUKA」（まるか）食品則位於群馬縣伊勢崎市。這兩項加工食品不但老少咸宜，也是日本阿宅的聖品，在市場上有相當高的人氣。

二〇一四年底 Peyangu 炒麵因為被消費品投訴泡麵裡夾了一隻小強，結果產品下架，工廠暫時停產檢查原因，網路哀鴻遍野，在粉絲的哭求下，工廠於四個月後重新啟動，但初期僅在關東地區的一都六縣上架，造成大搶購。

吊車尾的惺惺相惜

茨城和群馬距離東京都不遠，從茨城搭筑波特快車到秋葉原約四十五分鐘，群馬搭新幹線到東京也僅約五十分鐘，兩縣均在東京的通勤圈內，但兩縣的魅力度卻與東京有天壤之別。經過分析，發現兩縣與其說不擅於宣傳，倒不如說是懶得宣傳，原因是縣內的物產不用靠宣傳就能賣得嚇嚇叫。感覺就像穿著拖鞋短褲開雙B去吃路邊攤一樣，真的有錢是不用排場的。

兩縣對於魅力度吊車尾這件事似乎也不怎麼在意，而且也不把對方視為敵手，據說茨城較在意的假想敵是千葉，而群馬的假想敵則是埼玉，理由只是因為千葉和埼玉離東京更近。

群馬縣冬天的西北風相當有名，日文叫做「空っ風」，有點像我們說的落山風，冷空氣吹過群馬中央的赤城山，水分全部變成雨或雪，吹下的風相當乾冷，嚴重傷害群馬縣女性的肌膚，日本化妝品公司進行的年度美肌度排行榜，群馬經常敬陪末座。二〇一二年茨城女性打敗群馬搶走了最後一名寶座，茨城的冬風也很乾冷而且這裡日照強烈，女性的皮膚很難保持白皙透亮。據說，群馬縣的女性知道這個消息後，反過來安慰茨城的女性，沒有任何幸災樂禍的感覺，兩個吊車尾的縣少了競爭，多了惺惺相惜的情誼。

《小孤島大醫生》的原型瀨戶上健二郎

大家還記得十多年前由吉岡秀隆主演的日劇《小孤島大醫生》（Dr. コトー診療所）嗎？描寫一位醫術精湛，卻帶有一點傻氣和憂鬱王子的氣質，一坐上船就吐得死去活來的年輕醫生五島健助，他從東京來到一座孤島行醫的故事，配上中島美雪氣勢磅礴的主題曲〈乘上銀龍之背〉，成為經典日劇之一。

這部日劇改編自山田貴敏的同名漫畫，在小學館《週刊 Young Sunday》及《Big Comic Original》從二〇〇〇年一直連載到二〇一〇年，共二十五卷加特別篇一卷，銷量超過一千萬本。

事實上，這部漫畫裡的孤島醫生是真有其人，本尊的名字叫做瀨戶上健二郎，一九四一年生、今年七十六歲，他從一九七八年來到位於鹿兒島縣薩摩川內市下甑島的診療所服務，原本只打算待半年，沒想到一待就將近四十年，早在十多年前瀨戶上就因年齡屆滿六十五歲必須退休，但島民卻賴皮不放人，市公所也想盡辦法留住他，直到二〇一七年三月才放他正式退休。二〇一五年公所曾經為此在島上開了數場說明會，但仍有島民難以接受這個事實，捨不得這位被島民奉為「神樣」的仁醫告別舞台。

瀨戶上醫生成為漫畫真實本尊的故事，要從一九九八年說起。

一名小學館的編輯，這年從一位住在鹿兒島的學弟那裡聽到瀨戶上醫生的故事。瀨戶上當時在島上已執業二十年，島民將他形容為神醫，在缺乏精密醫療器材的環境中，他幫島民進行了相當困難的腹腔大動脈瘤和眼科手術等，他也曾在沒有麻醉的情況下幫病患緊急截肢，下甑島上甚至有句話說「天命交給神明，生病交給瀨戶上」。

「離島配上神醫」簡直是為漫畫量身定製的好題材，小學館的編輯馬上聯絡了漫畫家山田貴敏請他到下甑島走一趟，結果漫畫很順利地從二〇〇〇年開始連載。漫畫原本預定以二十集完結，結果一開始連載就躋進讀者問卷排行榜的前幾名，二〇〇三年又因改編成日劇，漫畫人氣也跟著攻上榜首寶座。

諷刺的是，二〇〇七年山田因為眼疾手術無法作畫，漫畫連載也跟著走走停停，但當時已年逾六十的瀨戶上醫生卻還生龍活虎地擔任二十四小時全年無休的離島醫生。

瀨戶上醫生出身於鹿兒島大學醫學院，畢業後在國立療養所南九州醫院擔任一般外科及胸腔外科醫生，被譽為是「南九州肺癌外科第一人」，很多福岡的病患特地跑到南九州來希望接受他的手術。

一九七八年，三十六歲的瀨戶上醫生在家鄉鹿兒島買了一塊地，計畫蓋診所自已開業，在籌備期間，下甑島村長找上門來，希望他到島上幫忙一陣子，雙方說好的時間是半年。

離島上沒有醫生，島民生病沒人醫當然很困擾，但這還是其次，最大的困擾其實是無法料理死者的後事。因為不管是病死或意外死亡，都必須經由醫生開具死亡證明後，家屬才能處理後事。為了取得死亡證明，家屬必須用船把大體運往本島驗屍，來來回回的舟車往返才真的叫做「整死人」。

下甑島原本只希望有位能開具死亡證明的醫生常駐，減少島民的困擾，但沒想到來的這位瀨戶上醫生，竟是一位內科、外科、婦產科、骨科、眼科全包的萬能醫生，而且醫術精湛不輸給本島大醫院的名醫。島民深信瀨戶上的醫術，不管什麼疑難雜症，都寧願留在島上接受他的治療。

下甑島在〇四年與薩摩川內市合併，根據市條例規定醫生退休年齡為六十五歲，所以瀨戶上醫生依規定應在二〇〇六年屆齡退休，但經島民爭取延長二年，二〇〇八年六十七歲的瀨戶上醫生再度屆退，結果又被島民拗了三年。這年三月八日瀨戶上醫生生日前一天，島民將原本預定舉辦的歡送會改為「感謝祭」，邀請漫畫作者山田、小學館編輯及日劇的腳本作者吉田紀子參加。

二〇一一年下甑島根據新修訂的條例，以一年一聘的方式繼續聘請瀨戶上醫生駐島，轉眼下來，二〇一六年三月又到了最後底線的七十五歲。即使島民一拗再拗，讓瀨戶上醫生在島上多留了十年，在島上服務將近四十年，但二〇一五年十一月初消息一傳出後，馬上就引起了島民恐慌，公所為此舉辦說明會，很多人一家三代都曾受過瀨戶上醫生的照顧，想到醫生即將退休，仍喊著說「怎麼這麼突然，無法接受」。

下甑島距離薩摩川內市川內港約五十公里，人口二千四百人。島上目

二〇〇八年漫畫家山田貴敏（右）贈送肖像畫給瀨戶上醫生。　圖片提供／達志影像

前有鹿島、長濱及手打三間診療所，瀨戶上醫生服務的地點是手打診療所。在這裡服務三十四年的護理長巡田千里子是手打在地人，她說當初只打算在診療所實習一年就轉往本島的大醫院服務。當時瀨戶上醫生為診療所引進了人工透析機和電腦斷層攝影機（CT）等其他離島難以想像的精密儀器，打算把離島打造成最先進醫療設施，巡田護理長受到瀨戶上醫生熱誠的感召，結果她一待也是三十四年。

不過也因為診療所的設備太先進，變成了瀨戶上醫生無法說退休就退休的主因，因為接手的醫生必須具備操作這些儀器的能力和經驗，這要比開具死亡證明書複雜好幾百倍。

幸好，二〇一六年瀨戶上醫生終於有了接手的人選，時年五十二歲的內村龍一郎醫生，內村是瀨戶上醫生的學弟，二〇〇二年曾到手打診療所服務一年，長年投入急救和偏鄉醫療，瀨戶上醫生在二〇一六年十月正式交棒後，以市民福祉部次長身分繼續留在診療所服務，直到二〇一七年三月退休。

二〇一七年二月瀨戶上醫生獲頒第五屆「日本醫師會紅鬍子大獎」，這個獎項名稱源自江戶時代的紅鬍子仁醫小川笙船，由日本醫師會和產經新聞主辦。四月島民為瀨戶上醫生舉辦惜別會，島民說有求必應的瀨戶上醫生，簡直跟神明沒兩樣，感謝他近四十年來的付出。

下甑島經常有海龜上岸產卵，這裡也立了浦島太郎的雕像。日本民間故事浦島太郎在海邊救了海龜，後來被海龜帶到龍宮接受龍女乙姬招待，因為思念母親而返回陸地，沒想到他在龍宮待了幾天，卻是陸地上的好幾百年。瀨戶上醫生原本說好在島上待半年，結果一待就是三十八個年頭，情節雖然不一樣，但也頗像另一種類型的浦島太郎。

《奇蹟之醬》，一瓶醬油也能主演晨間劇

二〇一一年三月十一日的日本東北大地震，讓住在東京的一名平凡女性，放下穩定的工作勤跑災區採訪，她不是記者也非作家，花了五年的時間在二〇一六年底出版了名為《奇蹟之醬》的書，記錄了東北災區一間有二百多年歷史醬油老鋪的重生故事。她起心動念很單純，只是要將人們奮鬥的故事傳承下去。

這名素人女作家是現年四十一歲的竹內早希子，震災發生當時任職於東京的一家有機農產品宅配公司，她是土生土長的東京人，東北災區除了業務往來的客戶之外，並沒有她熟悉的親朋好友，但客戶之中有家醬油老鋪卻讓她十分掛心，無法當作別人家的事看待。

那是位於岩手縣陸前高田市的老鋪醬油釀造廠「八木澤商店」，開業於一八〇七年、擁有超過二百年歷史，以在地原料古法釀造的「生揚醬油」是八木澤的招牌商品，曾獲農林水產省評鑑全國第一名，在全國小有名氣。

兩百年老鋪醬油廠一夕化為烏有

八木澤商店遭遇了芮氏規模九的大地震和高十三點五公尺的大海嘯，廠房、店面和住家均化為烏有，用來釀造醬油的直徑約二公尺、有一百五十年歷史的巨大杉桶流走了、杉桶內釀好的醬油醪沒了，倉庫裡剛進貨的大豆和小麥等原料也被沖走了，損失超過二點二億圓。

竹內從二〇〇四年起開始和八木澤商店有業務往來，地震發生後電視播出陸前高田滿目瘡痍的景象，讓竹內看得無法言語，八木澤商店是在地指標型老鋪，竹內以為她很快就能掌握到老鋪受災的現狀。

但她看到的竟是一片無法辨識市街原貌的瓦礫堆，更令人吃驚的是，她竟然在媒體上看到八木澤商店年方三十七歲的小開河野通洋，於震災後

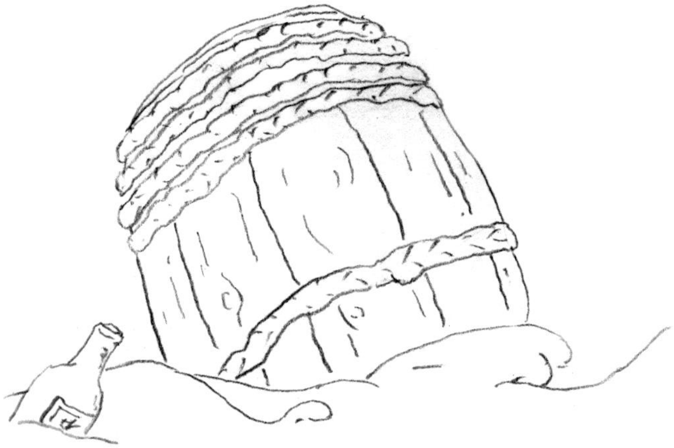

第五天宣布接任社長重建醬油廠，而且不解聘任何一名員工。

這是愚勇還是逞強？年輕小開的豪氣讓竹內難以置信，但他所展現的堅強意志卻讓竹內的熱血開始沸騰。她寫了一封長信寄給八木澤商店，除了對震災表示慰問之意外，竹內請求對八木澤商店未來的重建之路進行密集的採訪與記錄。

竹內說，三一一發生時她正請了育兒假在家照顧兩名年幼的孩子，一股無名的衝動促使她見證這段重建的故事。長信在數日後寄到陸前高田，河野通洋在電話中以開朗親切的語氣歡迎她隨時到訪。

年輕小開矢言重建奇蹟降臨

在此之前，竹內業務往來對象是八木澤的第八代社長河野和義，也就是通洋的父親，她沒見過通洋，只聽說過這位二百年醬油老鋪的小開，曾夢想到非洲從事沙漠綠化的工作，高中畢業時說服家人讓他去美國留學，以便進入聯合國任職。二十三歲時因為父親病倒急忙返國，二十六歲時以專務董事身分接手家業。

三十七歲的通洋接下第九代社長的職務，向外界宣布將重建醬油廠，但廠房、原料和棲息在廠內被視為釀造業命根的酵母和乳酸菌全都沒了，除非奇蹟出現，否則要恢復八木澤招牌的「生揚醬油」風味，簡直比登天還難。

但奇蹟真的出現了。災後二十多天的四月間，有人在距離廠房二公里外的地方發現了八木澤的巨大杉桶，通洋帶人到現場刮下殘留在桶子上的醬油醪，醬油醪就是已完成發酵尚未搾汁和加熱的泥狀生醬汁，裡面的酵母和乳酸菌如果還活著，經過培養即能增生。

但泡過海水、風吹日曬的酵母和乳酸菌，恐怕很難存活，通洋知道自己可能做白工，但堅持不放棄任何一絲希望的精神，似乎觸動另一項奇蹟的連鎖。任職岩手縣水產技術中心的研究員及川和志，曾經花了一段時間研究當地的醬油業，發現八木澤生揚醬油的醬油醪內富含各種胺基酸，震災前一個月，他才剛向八木澤要來四公斤的醬油醪，希望進行醫藥方面的研究。

醬油醪是每家釀造廠的命脈，很少有業者願意公開裡頭的商業機密，但八木澤的大小老闆卻欣然應允。這桶用塑膠袋封包醬油醪，就放在水產技術中心的真空恆溫櫃中保存，妙的是水產技術中心雖然遭到海嘯肆虐滿目瘡痍，但真空恆溫櫃卻在大水來襲時浮出水面，海水退去後躺在殘破瓦礫堆的上方，只要正面的玻璃門破個小洞就一切泡湯了，但真空恆溫櫃卻完好如初。

民眾回寄醬油希望老鋪牢記滋味

及川細心保管這包倖存的醬油醪，等待八木澤重建後再物歸原主，透過媒體報導，世人稱它為「奇蹟醬油醪」。震災後八木澤的生揚醬油奇貨可居，價格飆高十倍，網拍底價每瓶一萬五千圓，八木澤收到許多民眾寄來家裡庫存的生揚醬油，大家希望醬油老鋪記住這個滋味，並且「把它釀回來」。

當災難發生時，所謂的「奇蹟」的確具有莫大的鼓舞作用，但它畢竟不能像變魔術一樣讓一切恢復原狀，不管是八木澤商店或是整個受創的東北都需要靠人的力量才能重建。

通洋宣布不解雇任何一名員工，他知道人力是公司的重要資產之一，另一項資產就是二百年老鋪建立的信譽，所以他連當年已錄取尚未報到的新員工也依約雇用。通洋和銀行磋商，先凍結公司的債務償還，算算戶頭裡的存款，大概可以支付員工八個月的薪水。

通洋相信八個月一定能讓公司的營運恢復到某種程度，災後沒有廠房，沒有辦公室，也沒有活可以做，他讓員工們配送救災物資到各個家戶，自己則幫忙協助認屍、處理後事。

竹內於震災一年後的二〇一二年三月才在東京和通洋正式見面，同年四月起開始進行採訪，這時的竹內才剛生下次男，她背著小寶寶密集往返東京與陸前高田之間。

以小額募款籌措重建經費

八木澤逐步恢復營運，起先向其他釀造廠公開配方，以OEM的形式代工生產沾麵露和橙醋等產品，員工們以暫借的汽車教練場當工廠動手貼標籤出貨。二〇一一年十二月通洋透過一個基金會的協助以小額募款籌到五千萬圓，恢復沾麵露和橙醋製造生產線。

這種每人一萬圓的小額捐款很有意思，許多捐款人為二、三十歲的年輕人，即使他們只能換回價值不到捐款金額一半的醬油商品，但仍踴躍掏錢，買的是醬油老鋪的志氣。二〇一二年通洋再度透過小額募款籌到將近一億圓，同年十月在陸前高田隔壁的一關市找到一塊小學校舊校址興建新的釀造廠。

二〇一四年以及川搶救回來的「奇蹟醬油醪」經過培養增生後，成功地釀回了「生揚醬油」，新的醬油命名為「奇蹟之醬」。震災後通洋的一舉一動都成為媒體焦點，但在醬油開封的當天他卻不敢通知媒體採訪，因為無法再以杉桶釀造的醬油醪，被封在現代化的釀造桶中，感覺氣味就是不太一樣，一關市的氣溫和新造的廠房讓通洋少了信心。

「生揚醬油」釀回了

所幸當新釀的醬油醪經過搾汁和加熱處理後，大家終於嘗出了那個熟悉的味道，最後拍板的人竟是通洋的三名幼子，從小吃慣自家醬油的三名孩童，震災後有三年時間沒機會吃到自家醬油，「奇蹟之醬」出爐當天，通洋的太太用新醬油調味，小孩子飯菜下肚後問媽媽「今天用了生揚醬油嗎」，這句話讓通洋吃了定心丸，確定真的把「生揚醬油」釀回了。

竹內在《奇蹟之醬》的書裡，記錄的不僅是老鋪醬油廠奇蹟的一面，書裡還有許多細節，包括通洋的祖父第七代社長河野通義，在一九七〇年代曾帶領地方鄉親反對當地廣田灣興建煉油廠，保住了被稱為「高田藍」的美麗海灣，父親和義在三十年前不惜成本，復原以在地原料、古法釀造的「生揚醬油」，通洋繼承了父祖投入地方事務的熱情，成為年輕的意見領袖。

通洋不僅帶領員工重建醬油廠，也與在地的年輕企業家投入家鄉重建。通洋說八木澤的商品有七成是在地產銷，如果家鄉沒有跟著復原，生產的商品便無法順暢流通。通洋的行程滿檔，不但害得貼身女助理腸胃穿孔，不得不辭職養病，通洋自己也出現了「創傷後壓力症候群」（PTSD）的症狀。

至於搶救回「奇蹟醬油醪」的研究員及川，即使他是幫助八木澤重生的大英雄，但他刻意避開媒體，物歸原主後不再過問釀造的進度。及川告訴竹內，他相信八木澤一定能朝著重建的方向邁進，但任何的關切對當事人而言非但沒有幫助，還會造成壓力。世人以為有了「奇蹟醬油醪」就能釀回生揚醬油，但他知道事情並沒有想像的那麼簡單。

及川是在《奇蹟之醬》上架後一個多月，才在高速公路休息站商店發現它的問世，及川興奮地買了兩瓶回家沾生魚片品嘗，只要一瓶用完就再買一瓶庫存，因為實在太珍貴了。

竹內在二〇一四年離開任職十六年的有機農產品宅配公司，全心投入八木澤的採訪及文稿寫作，當初「只是要將人們奮鬥的故事傳承下去」的她，並沒有料到這個單純的起心動念讓她找回了年輕時追尋的作家夢，現在的她繼續寫作，同時參與紀錄片企畫、地區社群營運等工作，在二〇一一年三一一之前都是她無法預料的人生。

《奇蹟之醬》，祥伝社，二〇一六。

把家「畫」回來

日本女建築師的震災療癒計畫

二〇一五年初夏的某個晴天，建築師西條由紀子來到了宮城縣仙台市若林區的荒濱，這裡臨近仙台灣，廣闊的平原上曾經有一片綠油油的水田和蓊鬱的樹林，這是一個靠海的小聚落，住了七百五十多戶人家。但在二〇一一年三月十一日下午，這片美景被一場世紀大地震及隨之而來超過十公尺高的海嘯全部摧毀。

西條對此地有一種特別的感情，因為這片景色像極了她的老家茨城縣的笠間市，年逾花甲的西條，少女時代立志當一名建築師到東京求學，結婚後來到仙台市定居，每年總有幾次造訪荒濱，迎接元旦的初日或是夏季的海水浴。

但西條眼前所見的荒濱卻是一片荒涼，這裡的房子幾乎全被海嘯帶走，有一百九十人罹難，因為被政府劃定為災害危險區域，所以未來不可能再住人，這裡的小學和臨時住宅也即將關閉。

西條這天約了一名五十多歲的婦人在當地見面，這名婦人是荒濱的居民，她的房子是祖父母那一代留傳下來的，但現在只剩下殘破的石牆、院子裡的庭石和隱約可見的地基。

西條將一份看似建築平面圖的文件交給婦人，婦人將平面圖拿在手上仔細端詳，圖中有色鉛筆或水彩輕輕描色的房屋隔間，上面還附了密密麻麻的文字註記。婦人眼眶泛淚說：「這是我的寶物，難過的時候拿出來看一看就能恢復元氣。」

這是西條和多名女建築師為婦人畫的房屋平面圖「記憶中的家」，透過多次的訪談和比對，將婦人震災前住的房子以平面圖的方式還原，圖面上還註記了家人對這棟房子的回憶，例如可以在上面滾來滾去的套廊、能看到海的和室、坑式暖爐上方不太搭調的水晶吊燈，以及各種屬於這個家獨有的生活細節。

「記憶中的家計畫」（記憶の中の住まいプロジェクト），是西條所屬的宮城縣女建築師協會及全國女性建築技術者之會在二〇一四年三月發起的一項志工行動。二十多名宮城當地及來自東京具有一級或二級建築師執照的女建築師們，走訪災區為失去家園的鄉親「把家畫回來」。

這項計畫至二〇一七年已持續進行了三年多，完成了仙台市荒濱及蒲生、東松島市大曲濱、氣仙沼市山元町及亘理町等地二十多戶「記憶中的家」平面圖，訪談過程的交通食宿等經費全部由協會支付，不跟住戶收取分毫費用。

發起這項志工行動的靈感來自一本書，那是女性建築技術者之會在二〇〇六年出版的《相簿的家》（アルバムの家），由三十三位會員回想十歲時住家的樣貌，四十至七十多歲的女建築師們記憶的兒時住家有古民宅、官方宿舍、充滿父權色彩的住家或是兼具商店、工廠功能的住家，透過回憶與十歲的自己重逢。

三一一震災造成東北地四十多萬人無家可歸，災後三年的二〇一四年許多人對於在海嘯中流失或地震中損毀的房子，記憶已開始模糊，身為建築師的西條希望能為失去家園的人做點什麼，剛好在這個時候友人送給她這本書，於是她向宮城縣女建築師協會提案，成立了「記憶中的家計畫」。

官方的災區重建，著重在軟硬體的工程，可以看到具體的進度和成果，雖然建築師是蓋房子的專家，照理應該加入這種重建硬體設施的行列，但女性建築師們想到的是一個更深層且艱鉅的重建工程——心靈的療癒。

她們希望發揮自己的專業，為受災戶留下他們的生活記憶，畢竟「家」並非只是一間不動產，而是人們的棲身之所和心靈的歸宿。

計畫成立後女建築師們花了很多時間討論訪談的方式，即使震災過了三年人們逐漸忘記家的樣貌，但卻忘不了海嘯來時恐懼和失去家園的悲傷，如何不去觸動被訪談者的這些傷痕，而引領他們回想過去在房子裡愉快的生活點滴。

女建築師們一次大約出動四人，有人負責訪談，有人負責記錄，彼此分工也相互支援，先從房屋的大小、形式等開始切入，慢慢地進入房子的隔間、擺設，接著再談及生活細節與回憶，起初只回答一些具體數據、方位的受訪者，慢慢地打開了話匣子，房間裡的木櫃是女主人的嫁妝，有她初為人婦時的記憶，與先生結褵半世紀的點滴，牆上掛的畫是孫子送的傑作，畫中的全家福有昔日幸福的時光。

類似這樣的訪談，經過三到四個月的琢磨，最後完成了畫滿各種回憶的平面圖和一份記錄生活點滴小故事，一併送給受訪的屋主，未來他們可以參考這份平面圖蓋一棟一模一樣的房子，也可以留給子孫讓他們流傳這份家的故事。

來自仙台市的女建築師清本多惠子說，讓屋主回想被大水沖走的房子，或許有點殘酷，可能會讓受訪者感到痛苦，但是將悶在內心的苦處說出來，透過第三者的傾聽，有時反而可以得到解脫。女建築師們為受災戶「畫房子」，同時也進行「話療」，這種無形的重建工程，雖然無法提供受災戶遮風避雨的房子，但卻能協助他們堅強內心以挺過風雨。

III 生鮮冷知識

把枯燥歷史書當八卦周刊賣的《應仁之亂》

以出版學術書籍為主的日本出版社「中央公論新社」，旗下的叢書品牌「中公新書」二〇一六年十月推出了一本歷史叢書《應仁之亂》，這種硬派的學術叢書通常比較小眾很難再版，所以首刷一萬三千本如果能全部賣光，就能說是祖上積德了。

但令人意外的是，《應仁之亂》上市十天後，出版社竟然決定再版，而且截至二〇一七年五月底發行數達三十七萬本，登上日本公信榜（Oricon）二〇一七年上半年新書銷售排行榜的第一名，驚人的銷售數字在媒體及網路上均引發了不小的話題，連作者都直呼不敢置信。

曾是小說與戲劇都不敢碰的「票房毒藥」

中公新書創立於一九六二年，超過半世紀的經營，出現幾本暢銷書並不新奇，重點在於《應仁之亂》這本書的題材龐雜混亂、內容卻乏善可陳，沒幾個歷史學家敢碰。在此之前，已做古的老一輩歷史學者鈴木良一、永島福太郎、笠原一男、榊山潤、內藤湖南均出版過相關書籍，但這些皆屬學術著作無關暢銷與否。

不僅如此，「應仁之亂」作為小說或戲劇題材也可以稱為「票房毒藥」，歷史小說巨擘司馬遼太郎曾以「應仁之亂」為題材寫下長篇小說《妖怪》（講談社文庫），但小說在連載過程中，司馬就被好友哲學家梅原猛吐槽說這是一部「失敗之作」，文學大師海音寺潮五郎比較婉轉，在書評中拜託讀者「用有趣的角度」來讀這段大時代的故事。

「應仁之亂」不但讓國民作家司馬遼太郎陰溝裡翻船，也曾締造了大河劇史上最差收視率紀錄。一九九四年NHK推出以「應仁之亂」為題材的大河劇《花之亂》，結果創下單集收視率一〇點一％的史上最低紀錄，平均收視率一四點一％也是史上最低，這個不光彩的紀錄一直到二〇一二年才被松山研一主演的《平清盛》一二%打破，不過《平清盛》單集最低紀錄還有一一點三%。

題外話是，在《花之亂》劇中扮演女主角日野富子少女時代的演員，正是現今的大物女優松隆子，當時她年方十七，這部大河劇算是她的出道作品之一，兩年後的一九九六年她才以日劇《長假》走紅。

年輕日本史學者果敢挑戰《應仁之亂》

了解這段嚇壞史學家、小說家及劇作家的暗黑史之後，再回頭來看中公新書二〇一六年十月出版，由一九八〇年出生的年輕日本史學者吳座勇一完成的《應仁之亂》一書，在短短三個月內創下將近八萬本的銷量，簡直可稱為奇蹟，足以跌破許多人的眼鏡。

在介紹「應仁之亂」究竟有多亂之前，先來看看中公新書推出這本書時的廣告文案：

気鋭の歴史学者が日本史上類のない「地味すぎる大乱」に、わざわざ取り組んで、話題沸騰!!

幹勁十足的歷史學者刻意挑戰日本史上無與倫比「乏善可陳的大亂」，話題沸騰!!

「ズルズル十一年」、「スター不在」、「勝者なし」

拖拖拉拉十一年、沒有英雄豪傑、沒有贏家

知名度はバッグンなだけにかえって残念

正因為它徒有顯赫的知名度，反倒令人遺憾

應仁之亂雖然乏善可陳，但它卻是京都人好幾世紀以來的噩夢，所以京都流傳著這麼一段趣談：

出身於王公貴族的日本首相近衛文麿，一九三八年在京都設立「陽明文庫」典藏家族的古文件、美術品、典籍等史料。推理作家戶板康二有一次去京都拜訪近衛，詢問近衛家是否收藏某本古文書，結果近衛告訴戶板他想找的古文書「在那場戰爭中燒掉了」。

戶板聽了直覺可惜地說：「太平洋戰爭的空襲嗎？」

但近衛卻搖了搖頭說：「不，是應仁之亂。」

硬派學術風「中公新書」，推出的《應仁之亂》的報紙廣告，改走八卦風。

據說類似的對話在京都很常聽到，「某某寺院或某某建築在先前的那場戰爭中燒掉了」，通常這種時候京都人口中的「先前那場戰爭」，並非指七十多年前二戰而是五五〇年前的應仁之亂。

名聲響亮卻內容不詳的「應仁之亂」

「應仁之亂」爆發於室町時代一四六七年的京都，二〇一七年剛好屆滿五五〇年，這場內戰足足亂了十一年才平息，幾乎所有日本人在學生時代都曾在歷史課本讀過這場內戰，它有一個很好記的諧音順口溜「人の世むなし（一四六七）」。有東洋史學家將「應仁之亂」定義為「將日本史一分為二的戰亂」，它讓歷史與文化的古都京都變成一片焦土，導致了室町幕府的沒落，更重要的是它造成了社會階級的流動，激發各地群雄並起，因而開啟了之後的戰國時代。

但非常弔詭的是，這麼關鍵的一場內戰，卻很少有日本人能描述它的全貌，戰亂是如何開始又如何結束？誰是這場戰亂的主帥、誰贏得這場戰亂？規模龐大且耗時十一年的內戰，參戰大名們究竟是為何而戰？幾乎沒

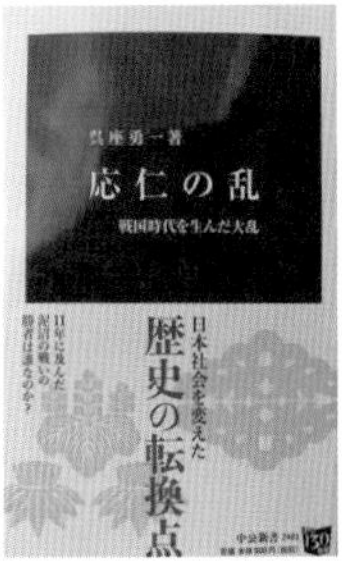

《應仁之亂》，中公新書，二〇一六。

有人可以說個所以然。

換句話說，在路上隨便問一個日本人有沒有聽過「應仁之亂」，他一定會回答「有」，但如果問他「應仁之亂」在亂什麼，他很可能會回答「不知道」。這就是文案中寫的「徒有顯赫的知名度」，卻沒人知道它是什麼的弔詭之處。

將軍的「家務事」演變成世紀大亂鬥

一般的解讀，「應仁之亂」發生於一四六七年至一四七七年之間，導火線為室町幕府將軍繼承人之爭。第八代將軍足利義政是一位酷愛藝術文化甚於政治的「草食系宅男」，他的太太日野富子來自有權有勢的貴族，被定位為「肉食系鬼嫁」，兩人結婚多年沒有子嗣，八歲就被選任為將軍的義政早早就想退位，本來已經說好把位子讓給弟弟足利義視，但沒想到三十歲那年，兒子義尚卻出生了，繼承人鬧雙包，原本只要義政選定誰來繼承就能解決的「家務事」，但在弟弟義視和兒子義尚的背後卻有兩股勢力互不相讓。

這兩股勢力是當時最有實力的大名山名宗全與細川勝元。

山名力挺義尚和將軍夫人富子，細川則為弟弟義視派，雙方人馬以京都上京區的室町邸（又名「花之御所」）為分界點，分成東西兩軍。細川稱為「東軍」以相國寺為據點，出動十六萬名兵力，山名以西側的山名邸為據點，稱為「西軍」，動員十一萬人馬。

換句話說，應仁之亂的主戰場位於京都，總有二十七萬名人馬在此交戰，這是一場日本史上規模最龐大的大亂鬥。包括金閣寺、八坂神社、清水寺、伏見稻荷大社、聖護院及南禪寺等京都知名古剎幾乎被摧殘殆盡，當然每年夏天的重要祭典「祇園祭」也為此停辦二十多年。

將軍家的「家務事」當然只是引發這場內戰的導火線，導致內戰一發不可收拾的原因，主要是領主層也出現了多起類似的繼承人之爭，兄弟、叔姪各自選邊站，反正大家都是親戚，不但網內互打不用錢，打到一半還可以交換主場繼續打，例如原本屬於西軍的將軍之子義尚和將軍夫人後來投靠東軍陣營，原本屬於東軍的弟弟義視轉而加入西軍。

內戰發生七年後，義政終於喬定由兒子義尚繼承將軍，但內亂卻未因此而中止，各地大名們撂人又揪團進京加入這場大亂鬥，結果卻因為領地鬧空城引發了下剋上的領導權之爭，戰火遍及日本全土一發不可收拾。這場大亂鬥一直打到東西軍的主帥細川和山名兩人過世才逐漸平息，最後也搞不清楚究竟誰輸誰贏。

如果用RPG電玩來比擬「應仁之亂」，可以說是典型的「糞作」，它主線模糊、支線龐雜，角色過多而且大都是只有一顆星的雜魚，事實上，在吳座勇一的《應仁之亂》書中登場的人物大約有三百人，所以換個角度來說，寫這本書和看這本書，同樣都需要有十足的勇氣和幹勁。

無能將軍的人生第二春

話說回來，「草食系宅男」第八代將軍足利義政八歲就被選為將軍，十三歲正式接任，應仁之亂發生時，他已經當了二十多年的無能將軍，他在三十八歲時把將軍位子讓給九歲的兒子義尚之後即拍拍屁股走人，看似十分不負責任，但事實上他也心不甘情不願地工作了三十年。

「退休」後的義政隱居東山浸淫在自己喜愛的藝術文化世界，並做出了許多影響後世的創舉。京都熱門的觀光景點「銀閣寺」就是出自義政之

足利義政潛心打造的銀閣寺。

手，銀閣寺不但已登錄世界文化遺產，它也被奉為日本建築的原型。

銀閣寺裡的東求堂同仁齋的「卍」字排列榻榻米稱為「四疊半」，這是日本和式房的最小面積，設計者就是義政。日本最富禪意的庭園造景「枯山水」，開宗之祖也是義政。

日本的三大藝道茶道、華道（花道）和香道都是在義政的手中確立，日本繪畫流派「狩野派」也是義政一手扶植而起。

《應仁之亂》為何賣座？

吳座勇一的《應仁之亂》大賣後，日本推特出現了一則有趣的推文，一四六七年爆發的應仁之亂在一四七七年結束時並沒有分出誰輸誰贏，但是經過五四〇年之後，終於出現了最大的「贏家」，那就是以《應仁之亂》爆紅的史學家吳座勇一。

《應仁之亂》這本硬派歷史書，為何會變成年度暢銷書？吳座在書本爆紅後接受了多家日本媒體的專訪，他也完全搞不清楚為何書本會賣座，他說每次接受訪問，每次都回答「不知道」，但如果硬要說出個道理，很可能是讀者對書中描述的「混亂」狀態產生了「共鳴」，因為現今社會可能要比當時還混亂。

雖然書商以八卦周刊的手法打書，製造了不少話題，但《應仁之亂》的內容卻一點也不八卦，吳座並沒有把複雜的狀況單純化，也沒有像小說那樣對人物事件分出正邪黑白。吳座筆下的《應仁之亂》大量引用了奈良興福寺兩名高僧的日記，藉由固定的視點切入才有辦法處理三百人登場的這場大亂鬥，讓書本較容易閱讀也能同時維持學術水準。

吳座說，要理解複雜的事情是一件很吃力的事，通常大家會馬上希望將複雜的事情單純化，但這種想法本身具有危險性，容易助長陰謀論或偽科學蔓延。所以換一個角度來看，《應仁之亂》能夠大賣，證明大家還願意花時間和力氣去理解複雜的事，這或許代表日本還有救。

通往諾貝爾獎之路的暑假「自由研究」

日本中小學生的暑假作業中，有一項固定的課題叫做「自由研究」，顧名思義就是不限定題目、形式和研究方法，讓學生們自由發想，依照他們的個性、特長和興趣等，進行各式各樣的探索。

雖然立意良好，但實際操作起來卻不是那麼回事，因為對於平常習慣聽命行事的人而言，「自由」代表的意思就是「沒有準則、漫無目標」，這讓很多學童在找「自由研究」的題目時就已經卡關了，何況還有一些混一點的小孩拖到暑假快結束才急急忙忙動手，經常得勞動父母幫忙，搞得全家雞飛狗跳。

總之，對多數日本學童而言，暑假作業的自由研究，等於是「夢魘」

的代名詞。

「自由研究」起源時間很早，據說和一九二〇到三〇年代間的「大正自由教育運動」有關，那是日本從歐洲引進的一種新的教育觀念。戰後曾有很短暫的時間被列為正式教學課程，後來逐漸演變為暑假作業的定番。

「自由研究」除了是學童的夢魘之外，在注重考試升學的教育體系中，這項暑假作業也一直存在著「流於形式、應付了事」的問題，但即使如此，日本的學校卻沒打算取消這項課題，理由或許很簡單，因為這是讓學童親身體驗研究樂趣的最直接手段，而且這種從研究中獲得樂趣的方式一旦上了癮，未來甚至可以連結到通往諾貝爾獎之路。

介紹幾個狂熱的自由研究案例，來看看這些日本學童如何燃燒他們的暑假。

小六生的文具圖鑑

二〇一六年三月日本書店出現了一本定價三兆圓的圖鑑書，大約一百頁的內頁用手工畫滿了文具相關圖鑑和解說，沒仔細看還會以為是一本鬼畫

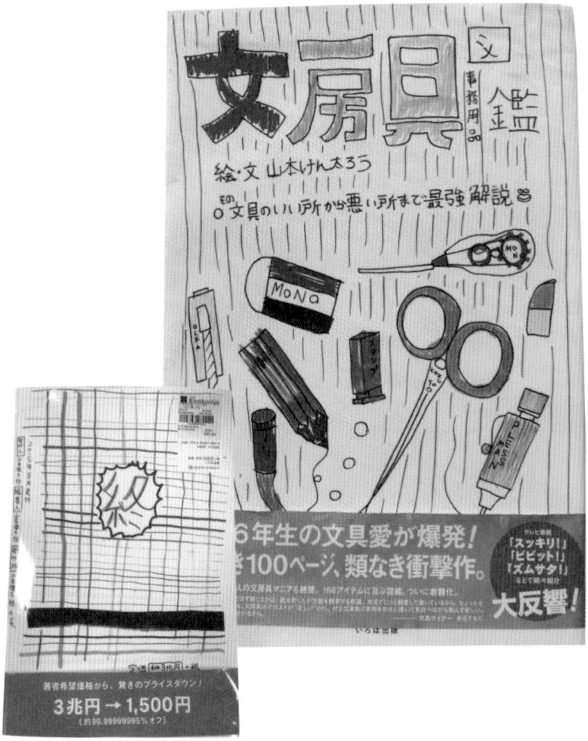

山本健太郎在小學六年級將親手繪製的文具圖鑑自由研究，被出版成書籍。いうは出版，二〇一六。

符的書，不過這本書一上市就引發話題，連續三週搶占亞馬遜銷售榜首。三兆圓的定價並不是這本書引起話題的爆點，而且它的實際售價僅為一千五百圓，折扣率是99.99999995% off。

特別的地方在於這本書的作者山本健太郎，是一名非常熱衷於文具研究的小六生，整本書是他花了一年的時間純手工製成，包括繪圖、編排、文字解說都是自己包辦，這是他的暑假自由研究成果《文具圖鑑》。

健太郎著迷於文具的起因，其實是小男生常玩的一項無聊小遊戲——比賽誰的橡皮擦彈得比較遠。

小學五年級的時候，班上的同學流行起這項遊戲，健太郎為了贏得比賽，開始研究起哪種橡皮擦的彈力最強。經過一番比較，他不但找到了最強的橡皮擦，而且還有一個意外的發現，文具大廠MONO橡皮擦外層的硬紙包裝上，四個角落有圓弧的缺口，這是為了防止過於用力時擦破紙張的緩衝設計。

這個發現讓健太郎像發現新大陸一樣興奮不已，他開始著迷於文具研究，並且決定拿來當作暑假自由研究的題目。這年秋天健太郎拿到媽媽送的一本「白書」（以白紙裝訂的書），從小就愛塗鴉的他開始在「白書」

舒讀網「碼」上看

廣	告	回	信
板橋郵局登記證			
板橋廣字第83號			
免	貼	郵	票

235-53

新北市中和區建一路249號8樓

印刻文學生活雜誌出版有限公司　收

讀者服務部

姓名：＿＿＿＿＿＿＿＿　性別：□男　□女

郵遞區號：＿＿＿＿＿＿＿＿

地址：＿＿＿＿＿＿＿＿

電話：（日）＿＿＿＿＿＿＿＿（夜）＿＿＿＿＿＿＿＿

傳真：＿＿＿＿＿＿＿＿

e-mail：＿＿＿＿＿＿＿＿

INK

INK PUBLISHING

讀者服務卡

您買的書是：＿＿＿＿＿＿＿＿＿＿＿＿＿＿＿＿＿＿＿＿

生日：　　年　　月　　日

學歷：□國中　□高中　□大專　□研究所（含以上）

職業：□學生　□軍警公教 □服務業

□工　□商　□大衆傳播

□SOHO族　□學生　□其他＿＿＿＿＿＿＿＿

購書方式：□門市＿＿＿書店 □網路書店 □親友贈送 □其他＿＿＿

購書原因：□題材吸引 □價格實在 □力挺作者 □設計新穎

□就愛印刻 □其他＿＿＿＿＿＿＿＿＿（可複選）

購買日期：＿＿＿＿年＿＿＿＿月＿＿＿＿日

你從哪裡得知本書：□書店 □報紙 □雜誌 □網路 □親友介紹

□DM傳單 □廣播 □電視 □其他

你對本書的評價：（請填代號 1.非常滿意 2.滿意 3.普通 4.不滿意）

書名＿＿＿ 內容＿＿＿封面設計＿＿＿版面設計＿＿＿

讀完本書後您覺得：

1.□非常喜歡 2.□喜歡 3.□普通 4.□不喜歡 5.□非常不喜歡

您對於本書建議：

感謝您的惠顧，為了提供更好的服務，請填妥各欄資料，將讀者服務卡直接寄回或傳真本社，我們將隨時提供最新的出版、活動等相關訊息。

讀者服務專線：（02）2228-1626　讀者傳真專線：（02）2228-1598

廣　告　回　信
板橋郵局登記證
板橋廣字第83號
免　貼　郵　票

舒讀網「碼」上看

235-53
新北市中和區建一路249號8樓
印刻文學生活雜誌出版有限公司　收
讀者服務部

姓名：＿＿＿＿＿＿＿＿ 性別：□男　□女

郵遞區號：＿＿＿＿＿＿＿＿

地址：＿＿＿＿＿＿＿＿

電話：（日）＿＿＿＿＿＿＿＿（夜）＿＿＿＿＿＿＿＿

傳真：＿＿＿＿＿＿＿＿

e-mail：＿＿＿＿＿＿＿＿

INK

NK
UBLISHING

讀者服務卡

您買的書是：______________________________

生日：　　年　　月　　日

學歷：□國中　□高中　□大專　□研究所（含以上）

職業：□學生　□軍警公教　□服務業

□工　□商　□大衆傳播

□SOHO族　□學生　□其他 ______________

購書方式：□門市_____書店　□網路書店　□親友贈送　□其他 _____

購書原因：□題材吸引　□價格實在　□力挺作者　□設計新穎

□就愛印刻　□其他 ______________（可複選）

購買日期：_______年_______月_______日

你從哪裡得知本書：□書店　□報紙　□雜誌　□網路　□親友介紹

□DM傳單　□廣播　□電視　□其他

你對本書的評價：（請填代號　1.非常滿意　2.滿意　3.普通　4.不滿意）

書名_____　內容_____封面設計_____版面設計_____

讀完本書後您覺得：

1.□非常喜歡　2.□喜歡　3.□普通　4.□不喜歡　5.□非常不喜歡

您對於本書建議：

感謝您的惠顧，為了提供更好的服務，請填妥各欄資料，將讀者服務卡直接寄回或傳真本社，我們將隨時提供最新的出版、活動等相關訊息。

讀者服務專線：（02）2228-1626　讀者傳真專線：（02）2228-1598

上繪圖兼解說，記錄他的文具發現和使用心得。

一開始，健太郎以家裡現有的文具當作分析的樣本，他畫出各種文具的原寸圖案，忠實呈現這些文具的實際使用狀況，例如鋼珠筆的線條、顏色，並在旁邊加上密密麻麻的解說文字，包括廠牌比較、價格和使用心得。書裡面還有文具相關的豆知識，例如原子筆（油性墨水）寫的字可以保存五十年，但如果放到太陽底下曝曬，大概半年就褪色了。一支原子筆可以畫一千公尺到一千五百公尺的線條等等。

為了研究文具，健太郎把零用錢全部用來買文具，假日也只往文具店跑，家裡的文具研究光了或是研究遇到瓶頸，他就帶著筆記本到經常光顧的文具行「充電」，一年下來，介紹的文具有一百六十八項，二〇一五年暑假結束前，健太郎也如期完成他的鉅作。

這本手工文具圖鑑不但嚇壞了學校老師，也讓文具店的老闆嘆為觀止。健太郎從八歲起經常光顧住家附近的一間文具行，這年剛好開業滿十年，由於在研究文具的過程，文具行老闆幫了不少忙，所以健太郎將研究成果的影印本送給老闆當作賀禮。

感動莫名的文具行老闆，將健太郎的研究貼到社群網路上，馬上就引起網友討論，接著有出版社找上門，提議幫健太郎出書。出書過程中，出版社找了三十五家文具廠商及多名文具專家寫評語，除了感嘆英雄出少年之外，被點名某項文具不好用的廠商也很重視健太郎的使用心得，坦然接受挑戰，還說一定要做出讓健太郎心服口服的文具。

健太郎在二〇一六年四月升上國中，他的《文具圖鑑》上市半年累積銷量超過五萬三千本，鄰居的文具行老闆說，隨時準備好各種新上市的文具等著健太郎上門「充電」。

小四生探索真田丸的祕密

日本放送協會（NHK）二〇一六年播出的大河劇《真田丸》，毫無意外地帶動了日本一股「真田熱」。真田丸指的是戰國名將真田幸村（信繁）在大坂之陣中，於大坂城構築的防禦城寨。故事從真田家父子三人如何在戰國時代存活於列強之間說起，由堺雅人扮演的主角真田幸村被稱為是「日本第一武將」。

一名小學四年級的學童，小時候因為讀了兒童歷史新聞而著迷於真田幸村的故事，因為大河劇《真田丸》的播出，再次激發了他的粉絲魂，二○一六年暑假以「真田的祕密」為題進行自由研究。

厚達二十七頁的研究報告圖文並茂，有文字解說、年代表、人物評分表及參考書目，小四生甚至走訪了長野縣上田市，實際到真田家的城居「上田城」遺跡朝聖。

可惜這份自由研究交給學校老師之後，卻僅得到「照片很多很精采」的評語，小四生受到了頗大的打擊。據說主要是因為小四生就讀的學校以發展理科為主，對於文科相對較不重視。

小四生失落的模樣引起補習班老師的注意，老師了解內情後做了一項大膽的建議，他鼓勵小四生把研究成果寄到 NHK《真田丸》製作單位，讓識貨的人評評理。

沒想到幾天後，小四生居然接到了製作人屋敷陽太郎親筆回覆的明信片，屋敷稱讚小四生調查詳盡，讓他大為吃驚，明信片的正面為《真田丸》中堺雅人的劇照。

小四生雀躍不已，有一種揚眉吐氣的感覺。補習班老師把這段故事貼到推特上發表，網友紛紛表示，救了一條差點被抹殺的「學者魂」。

中一生的超商昆蟲圖鑑

三重縣津市就讀國中二年級的西川充希，二〇一六年三月獲三重市綜合博物館之邀，展出二〇一五年也就是他在國中一年級暑假完成的自由研究「超商昆蟲」標本。

從小就喜愛昆蟲的西川，三年前加入三重市綜合博物館之友會，經常參與昆蟲採集調查活動。二〇一六年六月某天傍晚，他到住家附近超商買東西，察覺到超商一到了晚上，就會吸引很多昆蟲上門，而且每家超商昆蟲「常客」似乎都不太一樣，有的超商比較容易吸引昆蟲上門，有的卻不會。

於是他決定徹底進行調查，比較各家超商吸引的昆蟲種類，並從超商的地理位置、照明等條件分析其中的原因。

西川以自宅半徑十公里內的三十九家超商為調查對象，由爸爸開車、媽媽在一旁做紀錄，他則拿著捕蟲網採集昆蟲，三人通力合作，花了一個暑假的時間，完成兩箱昆蟲標本、三張大字報和六十九頁A4報告紙的紀錄。

西川初步觀察，發現燈光偏黃的超商，上門的昆蟲較少，偏白的超商昆蟲較多，他上網調查原因，進一步發現昆蟲比較不愛紫外線較弱的LED燈，所以只要裝上可以遮蔽紫外線的燈罩，就能減少昆蟲上門。

西川在大字報上貼了超商地理位置圖、衛星圖，分析周遭的自然環境，結論中並不是草率地以燈光作為吸引昆蟲上門的唯一條件，客觀冷靜的分析讓專家折服。

三重市綜合博物館邀請西川展出他的研究成果，館方在推特張貼活動宣傳，結果三天內吸引了一萬四千多名網友轉推，昆蟲少年西川成為話題人物，而且還獲得多項科學展的獎項。

諾貝爾獎得主的放大版「自由研究」

日本目前累計已有二十五名諾貝爾獎得主（包含已入籍美國的日裔科學家在內），得獎者尤其以科學領域居多，這讓中韓兩位鄰居羨慕不已，急著探究其中原因。二〇一六年以發現「細胞自噬」作用獲得生物醫學獎的大隅良典，他的感言或許提供了一些線索。

大隅從事的是冷門的基礎科學研究，經常被嘲諷「不能當飯吃」，不如應用科學「有用」，但他認為「有用」這個詞正在戕害社會，因為基礎科學真正「有用」，可能要等到數十年甚至百年以後，如果認為科學研究都應當「有用」，所有基礎科學將會統統「死掉」，但少了基礎科學，應用科學也沒戲唱了。

大隅從小就喜歡自然科學，夏天在野外採集昆蟲是他最大的樂趣，他也熱中於飛機模型、半導體收音機的製作，他說這種體驗也是他後來成為分子生物學研究者的原點。別人或許以為基礎科學是一條既冷門又寂寞的研究之路，但對大隅而言，這只是暑假作業自由研究的延伸，裡頭充滿了樂趣。

為了當錢湯壁畫學徒而去讀博士的女繪師

三十四歲的田中瑞希（みずき）是日本目前僅存的三位錢湯壁畫繪師之一，而且可能是這個業界歷來唯一的女繪師。有人念書可能是為了追求學問，有人或許是希望拿個高學歷比較容易求職，但田中卻是為了當錢湯壁畫學徒而去念了博士。

博士女繪師的故事要從二〇〇三年說起，這年在明治大學專攻美術史的田中，為了尋找畢業論文的題材而遇到了錢湯的壁畫。她發現兩位喜歡的現代藝術家東芋和福田美蘭的作品中，恰巧都出現了錢湯的題材，於是想到去錢湯走一遭也許會有什麼新發現。

當時芳齡二十的田中從來沒去過錢湯，沒想到第一次泡在錢湯的大浴槽裡面，望著牆上的壁畫，浴槽裡蒸騰而上的水氣，將壁畫罩在一片白霧中，這讓田中有種恍如走入畫境的錯覺。

人生第一次泡錢湯，內心的小宇宙像發生超新星爆發一般，湧出了一股強大的能量，幾乎是在同一個時間，她立志要當一名錢湯壁畫繪師。

錢湯的歷史與壁畫由來

錢湯就是收費的公共澡堂，它的歷史悠久，可以追溯到古代佛教傳入日本時，僧侶淨身的「浴堂」，到中世的鎌倉時代才變成收費制，江戶時代為了避免火災發生，平民百姓的家裡原則禁止設浴室，大部分人洗澡都是上錢湯。

現代錢湯的形式大概於明治時代初期定型，戰後人口往都市集中也造就了錢湯的蓬勃期，一九六五年全國錢湯有二萬二千多家，二〇一四年總務省統計全國剩三千四百五十家。東京地區在一九六八年高峰期有二千六百八十七家，目前僅剩約六百家，利用人數變少，經營者和建築物同步老化都是加速錢湯沒落的原因。

日本的錢湯及澡堂壁畫，此為江戶東京建築園內的展示空間。　　攝影／陳穎禎

由於關東和關西錢湯構造不太一樣，所以錢湯壁畫以關東地區為主，而且意外地僅有一百多年的歷史。錢湯壁畫起源於一九一二年東京神田猿樂町的「キカイ湯」（機械湯），因為是利用蒸汽船的鍋爐燒熱水，所以才叫機械湯，在當年這種稱號聽起來感覺好像比較威。

總之，當時的經營者覺得澡堂牆壁空空的看起來很單調，於是就委託了一位名叫川越廣四郎的畫家隨便在牆壁上畫點什麼，這位川越先生出身於靜岡縣，一筆就把家鄉的富士山給搬到澡堂內了。

澡堂搭上富士山，就像燒仙草搭花生一樣的絕配，一下子就風靡了東京，整個城市所有的錢湯如果壁上一片空白就顯得遜掉了。於是，我們看日劇、動畫，只要是錢湯的場景，富士山的壁畫幾乎成為定番。

錢湯沒落壁畫繪師凋零

錢湯壁畫繪師應該可以算是日本獨門的行業，來到二〇〇三年田中第一次進澡堂被壁畫「電」到的那個時期，這個行業早就沒落了，全日本剩不到幾位繪師，而且都是上了年紀的老師傅，但這並沒有嚇到這位小女孩。

她向澡堂老闆打聽，得知壁畫的作者名叫中島盛夫，當時已經是一位年近六十的阿伯，田中衝去工地現場找中島，除了撰寫畢業論文需要進行訪談，她還有一個更大的目的就是拜師學藝。

結果一口就被回絕了。中島師傅當然也不希望手藝失傳，有年輕人願意入門是件求之不得的事，但他有更大的憂慮，因為這個行業隨著錢湯的減少已瀕臨滅絕，工作量減少影響收入，他怕誤人前途根本不敢收弟子。

經過田中死纏爛打，中島終於首肯，但開出的條件是田中畢業後必須就職，只能利用週六日的時間來學藝。

為了學畫拖延畢業

因為師父規定畢業後必須有工作才能當弟子，所以田中也耍了小手段，拖延畢業的時間繼續保持學生的身分，大學畢業後進了研究所，但是拖著拖著連博士課程也都修完了，最後只好進了一家美術相關的出版社上班，但待了一年半因為體力無法負荷而離職，後來一邊靠打工維持生計一邊學壁畫。

二〇一三年田中拜師九年後終於出師。拜師的這段期間，老繪師繼續凋零，日本只剩下三位錢湯壁畫繪師，包括田中和她現年七十二歲的師父中島，還有一位是現年八十二歲的師伯丸山清人。

田中說她在當學徒的時候，起初只能幫忙在工地搬木材和油漆桶，然後站在師父旁邊觀察，看著師父用滾筒和刷子塗油漆，以為並不難，但實際上牆壁凹凸不平，每一筆的力道都要拿捏，否則塗起來不是顏色不均勻就是像在牆上撒了芝麻粒一樣，光是為了塗好天空的雲彩，她整整磨了五年，從第五年起，師父才放手讓她塗海水漸層和背景的小松樹。

由於潮濕的關係，錢湯壁畫大約二、三年就要重畫一次，而且店家還要保持正常營業，所以通常選在公休日請繪師來速戰速決。因為只有一天的作業日，所以壁畫繪師必須從早上八點一直塗到晚上八點，整天都站在架子上伸長手臂塗牆壁，這種重勞動不要說小女生，連成年男性也吃不消，尤其澡堂沒有冷氣，夏天熱到汗水用噴的，即便如此還是要集中精神完成壁畫。

不過這些辛勞，都會在壁畫完成的那一刻化為甜美的慰藉，尤其聽到來泡湯的民眾誇說壁畫好美好療癒時，田中說再辛苦也值得了。

跨業合作讓壁畫走出錢湯

田中很希望把日本這門獨有的文化傳承下去，她說，等到她五十歲體力無法負荷時，如果再沒有傳人，錢湯壁畫真的會絕跡。因此二〇一〇年她和建築師今井健太郎及策展人齋藤勝美（音譯）合組「錢湯振興舍」，透過舉辦活動或向廣告商提案，宣傳錢湯的樂趣。

他們說服錢湯的老闆和廣告業主，把大浴槽上方的整面牆壁當作大型的廣告看板，壁畫也不再局限於富士山或其他傳統的圖案，田中大膽地把汽車廣告搬上牆壁。

二〇一六年七月配合庵野秀明導演的《正宗哥吉拉》（シン・ゴジラ）電影宣傳，田中選在電影舞台之一的東京大田區，和該區的知名錢湯「太田黑湯溫泉第二日之出湯」合作，花了二天二十小時在這家錢湯的牆上畫了一隻巨大的哥吉拉，男女湯的門簾也換上了哥吉拉的圖案，引起了不小的話題。

讓錢湯壁畫不再只是洗澡時才能欣賞的繪畫，也是田中的振興之計，他們開始嘗試舉辦在街頭現場繪製錢湯壁畫的活動，和世田谷區的現場演奏音樂酒吧 BAR nasa 合作，直接在酒吧內彩繪錢湯壁畫，年輕人覺得既懷舊又新鮮。

田中的師父中島也不輸給年輕人，開設了官方網頁介紹他的作品，還將錢湯壁畫做成月曆、T 恤等產品，直接在網路上販售。師徒同心做了各種突破，只為了保存這門藝術。

天王山vs.關原，決戰天下的分界點

京都府的大山崎町與岐阜縣的關原町，雙方為了誰才是「天下分け目」的本尊，從二〇一六年中展開了一場壯烈的「名義之爭」，兩町大戰三百回合，到二〇一七年三月才分出勝負，當然不是真的動刀動槍而是透過網路投票，最後由關原町獲得高票勝出。

「天下分け目」的中文可翻成「勝負的決定關鍵」，這句話最常被引用的出典和戰國時代的「天王山之戰」（一五八二年）與「關原之戰」（一六〇〇年）有關，這兩場戰役分別誕生了豐臣秀吉與德川家康兩個新的政權，所以「天下分け目」在此也可以稱為「決戰天下的分界點」。

京都府的大山崎町就是「天王山之戰」的主戰場，而岐阜縣的關原町則是「關原之戰」的戰場，兩町均主張自己才是「天下分け目」的本尊。

喜歡日本戰國史或是電玩《戰國無雙》的玩家對「天王山之戰」與「關原之戰」應該不陌生，先來介紹一下這兩場戰役在日本的戰國時代有多關鍵。

天王山之戰（一五八二年　陰曆六月十三日）

天王山之戰又名山崎之戰，對戰的兩軍為羽柴秀吉（豐臣秀吉）與明智光秀。秀吉和光秀都是戰國大名織田信長的家臣，光秀在當年的六月二日發動政變，討伐下榻於京都本能寺的織田，也就是戰國史上赫赫有名的「本能寺之變」。

當時織田麾下的大將均奉命在日本各地征戰中，光秀原以為殺了老闆後可以好整以暇，整備軍容等候同事們班軍回朝時再一一殲滅或收服，然後由自己坐上大位，沒想到消息走漏，遠在岡山縣高松城和毛利氏打得如火如荼的秀吉，一接到老闆遇害的消息，馬上和毛利氏談和，大軍從岡山一路急行軍衝回京都，全程一九四公里只花了七天的時間。

這下光秀可驚呆了，秀吉打著為老闆報仇的大義名分吸收援軍，又撒大錢犒賞官兵，兵員從基本盤八千人擴充為二萬八千人，而光秀原本以為揭竿而起能夠一呼百應，少說也能湊個三、四萬大軍，但他師出無名連親朋好友都看衰，最後只保住了一萬三千兵員的基本盤。

本能寺之變發生後十天，秀吉的前鋒十二日殺到京都，先和光秀的部隊隔著小泉川對陣，十三日下午四點兩軍正式開打，短短三小時就分出敗負，光秀敗逃隔天在京都市伏見區遭遇農兵突襲一命嗚呼，秀吉則順理成章取代織田信長並完成一統天下的霸業。

日本有句慣用語「天王山」或「勝負の天王山」，經常用於職業棒球賽、選舉或考試，天王山代表的就是一個勝負成敗的分界點。不過，有趣的是「天王山之戰」的開戰地點，並不在天王山上，而是東側山腳下的沼澤區「山崎」，這裡是大阪和京都的交界處，主要為現在的京都府大山崎町。

關原之戰（一六〇〇年　陰曆九月十五日）

豐臣秀吉在一五九八年死後，覬覦大位很久的德川家康與秀吉的家臣石田三成嚴重對立，雙方暗殺來暗殺去就是無法剷除對方，最後乾脆明著來撂人開戰。石田三成打著守護豐臣家和幼主豐臣秀賴的大義名分，號召了八萬多的大軍，而布局大位幾十年的德川家康當然是有備而來，他也撂了八萬多的大軍，雙方在一六〇〇年九月十五日，於現今岐阜縣關原町分據東西兩側對打，德川軍為東軍，石田軍為西軍。

這原本應是一場勢均力敵的對戰，但西軍裡有人臨陣倒戈，有人只簽到不進場，這場動員十幾萬人，堪稱是日本史上少見規模龐大的內戰，卻以短短不到六小時的時間就GAME OVER了。有日本歷史學者研究，發現這場戰役雖然動員人數眾多，但死傷總人數卻僅有三千多人，所以與其說是戰爭，更像是互相秀肌肉。

關原之戰結束約半個月後，落敗的西軍領袖石田三成在京都六條河原被斬首示眾，德川家康搬走了最大的絆腳石，朝著大位邁進。

關原之戰被視為是日本史最關鍵的一場大內戰，對後世影響頗深，日本舉辦分組對抗賽，尤其是體育賽事時經常使用東西軍對抗，關於出典有人說是來自更早的「應仁之亂」，不過大家印象較深的還是「關原之戰」。另外，「紅白合戰」也很常使用，出典則是「源平合戰」，發生在一一八〇年平安時代末期源氏和平氏兩大家族的戰爭，源氏為白旗、平氏為紅旗。

誰才是「決戰天下分界點」

天王山之戰和關原之戰都很關鍵也很具代表性，都被稱為「決戰天下分界點」的代表戰役，身為兩場戰役登場舞台的京都府大山崎町與岐阜縣關原町，當然不能放過這個哏，換句話說，兩個古戰場的所在地，以歷史題材進行城市行銷，藉由比劃誰才是「決戰天下分界點」的本尊，互相叫陣哄抬彼此的知名度。

這場比劃的主將是兩町的町長，京都府大山崎町町長山本圭一和岐阜縣關原町町長西脇康世，兩人在二〇一六年六月召開記者會宣戰。

大山崎町位於京都盆地的西南邊，天王山有桂川、宇治川和木津川三川匯流，不但是古來的交通要衝，也是京都的玄關之一。這裡在平安時代就是燈油的最大產地之一，稱為「大山崎油座」，燈油是當時的主要能源，不管是經濟或戰略的重要性不下於現今的石油。

江戶時代所描繪的關原之戰合戰屏風。

大山崎町不但產油，也以好水質聞名，山多利在隔壁的大阪府島本町蓋了山崎蒸餾所，生產的威士忌「山崎」赫赫有名。更早之前，日本茶聖千利休在此地妙喜庵蓋的茶室「待庵」，是現在僅存的一間千利休親手打造的茶室，已被列為日本國寶。另外，大正時期的大企業家加賀正太郎在此地蓋的英式山莊，後來變成「asahi 啤酒大山崎山莊美術館」，一九九六年起對外開放。

關原町位於岐阜縣西邊與滋賀縣的交界處，南北有山岳包圍的盆地，除了關原之戰之外，這裡也是壬申之亂的古戰場，因為是最具代表性的古戰場，所以最大的觀光賣點就是關原之戰時石田三成、德川家康、黑田長政等A咖武將部署大軍的陣地遺跡。

大山崎町戰敗「割地賠償」

總之兩町從宣戰後，雙方展開了各種比劃，包括拍攝宣傳影片、舉辦仿古大會戰活動、專屬宣傳網頁及手機導遊應用軟體，最後在二〇一七年二月舉辦ＰＫ對決最終決戰，開放網友投票，三月十七日開票結果，關原町以一二九〇一四票打敗大山崎町的八三〇〇七票。

兩町町長在四月初進行「和談」，戰敗的大山崎町當然得「割地賠償」，必須在大山崎町「領地」內的觀光案內所挪出一塊空間，為關原町宣傳觀光。

日本巨像之謎

化身為地藏菩薩的摩埃像

二〇一三年五月二十五日位於宮城縣南三陸町的臨時商店街，為一尊巨大的摩埃像舉辦揭幕儀式。這尊摩埃像連同底座高五公尺、重六噸，不但有罕見的帽子，還有眼睛，據說這麼完整的摩埃像全球僅有兩尊，另一尊在復活島被奉為智利國寶。

這是來自智利復活島的摩埃像，而且是由島上正宗的摩埃像雕刻師傅親手打造，送給南三陸町作為震災重建的象徵。

位於南半球的復活島距離北半球的南三陸町大約一萬七千公里，從地理位置來看似是兩塊八竿子打不著的土地，但卻因為大自然的災變讓他們建立了患難與共的友誼。

智利與日本因為海嘯而建立的友誼

故事必須從一九六〇年說起。

一九六〇年五月二十二日智利近海發生觀測史上規模最大的芮氏規模九點四—九點六的大地震，地震引發的海嘯不但淹沒了智利沿海及復活島，二十多小時之後也波及了日本的東北地區，三陸海岸遭到高達六點四公尺的海嘯襲擊，光是南三陸的前身志津川町就有四十多人罹難，三百多棟房子被大水沖走。

日本和智利雖然距離一萬七千公里，但兩地之間沒有其他大陸或島嶼屏障，海嘯長驅直入，造成的災害遠比環太平洋內的其他沿岸國家還嚴重。

智利地震滿三十週年的一九九〇年，智利政府送給南三陸町一隻石雕的國鳥「安地斯神鷹」，希望後人記取三十年前那場海嘯的教訓。當時日本政府正在大力推動地方創生事業，南三陸町出錢委託智利雕刻師打造了

南三陸町的摩埃像揭幕儀式。　圖片提供／達志影像

一尊小型的摩埃像，一九九一年完成後和石雕安地斯神鷹一起設置在志津川地區的松原公園。

這尊帶有異國情調的石像，不但成為當地的地標，也被民眾視為復活島版的「地藏菩薩」，祈求祂守護這片飽受地震海嘯威脅的鄉土。

不過在二〇一一年三一一大地震時，摩埃像也難逃海嘯襲擊，震災一個多月後民眾在瓦礫殘骸中發現被海嘯沖斷的摩埃像頭，距離台座有五十公尺遠。大海嘯不只摧毀了整座松原公園，也再次重創了南三陸町。

當地志津川高中的學生，在當年年底從瓦礫堆中救出這顆摩埃像的頭，暫時安置在校園一角，隔年三月底智利總統畢涅拉（Sebastian Pinera）訪問災區，特別來到志津川高中探視這顆摩埃頭，南三陸町當時正為了是否修復摩埃像而傷腦筋。

畢涅拉很豪爽，主動提議打造新的摩埃像送給南三陸町，作為震災重建的象徵。這項提議獲得日智經濟委員會智利成員的支持，出面表示將負擔所有費用。

但是這項提議卻在復活島上引起異議，部分島民反對把島上珍貴的石頭運出島外，他們深信用來打造摩埃像的石頭具有靈力，正當政府和島民僵持不下之際，島上有位高齡九十三歲的雕刻師傅曼紐・圖吉（Manuel Tuki）出面說服島民，他說這是復活島報恩的時刻，希望復活島的摩埃像能為日本民眾帶來幸福。如果不使用島上具有靈力的石頭，就沒有任何意義。

起重機公司的搶救摩埃像行動

圖吉老師傅指的「報恩」並非隨便說說，這裡頭還有另一段故事必須回溯到一九八八年。日本的起重機製造商TADANO，竟然因為一集電視節目而啟動了一場長達七年的搶救摩埃像行動。

日本電視台益智節目「發現世界的奧祕」（世界ふしぎ発見！），在一九八八年秋天播出了一集介紹復活島摩埃像的節目。摩埃像被稱為世界新七大奇景之一，復活島上包括半成品約有九百尊，但這些摩埃像在二百多年前因為島上發生的部落衝突，幾乎全數被推倒在地。

復活島的地方首長接受日本節目訪問時表示，「如果有起重機的話，應該有辦法讓這些石像重新站起來。」當時參加該節目的來賓，也是日本電視界的大姊大黑柳徹子，突然在節目中說了一句「我們應該可以想想辦法。」

這段節目正好被起重機製造商 TADANO 的主管高木啟看到，高木像中了邪一樣，全身熱血沸騰，他決定向公司提議捐贈大型起重機給復活島。

一九八八年日本的泡沫經濟還沒瓦解，好景氣讓各行各業都渾身帶勁，TADANO 總公司位於四國香川縣，是日本數一數二的起重機製造商，當時派駐在東京分公司的高木，自己跑去和智利大使館及外務省接洽，雙方都樂觀其成，但日本官方卻沒打算掏錢贊助。

高木只好跑回香川總公司提案，原本以為會被當成腦袋有洞，沒想到社長多田野久竟然一口就答應了，多田說「這是讓大家了解起重機對社會貢獻的絕佳機會」，公司撥出一億八千萬圓的預算，不但捐贈起重機還要派員前進復活島搶救摩埃像。

十五尊摩埃像重新站立

當時智利正處於皮諾契特軍事獨裁政府垮台前夕，政局十分混亂，根本顧不了摩埃像的問題。搶救摩埃像計畫先在TADANO公司內進行預習，一九九一年TADANO打造了高四公尺、重十一噸的實物模型測試起重機吊起流程，並派團至復活島調查，九二年由前奈良國立文化財研究所所長鈴木嘉吉組成摩埃像修復委員會。

起初高木野心勃勃打算讓島上所有的摩埃像全部站起來，但經考古調查評估發現這項工程需要龐大經費而且十分耗時，TADANO最後決定吊起十五尊。

九二年九月大型起重機、挖掘機具和修復資材全部運抵智利，但當時復活島根本沒有大型船舶停靠的港口，最後還勞動智利海軍協助才將這些機材送到島上。

TADANO不但派公司起重機操縱師傅到島上教導島民，還聘請了奈良的石像修復石工左野勝司進駐，九五年五月十五尊摩埃像面向大海重新排排站，同年十二月復活島以「拉帕努伊國家公園」之名被登錄為世界遺產。

整個摩埃像的修繕工程在九六年九月完成，當年十一月復活島也回贈一尊摩埃像給香川縣高松市表達感謝之意。

故事還沒結束，二〇〇三年TADANO接到一封來自復活島的郵件，表示島上的起重機故障，公司派人前往了解後確認難以修復，於是在二〇〇六年再度捐贈一台新的大型起重機，在當年的一月運抵。

九十三歲的圖吉老師傅記得這段歷史，所以才會說「這是復活島報恩的時刻」。圖吉老師傅的家族是復活島上僅存唯一會打造摩埃像的家族，二〇一二年七月他帶領三名家人一起打造新的摩埃像。

完成的摩埃像使用質地堅硬的玄武岩，而非島上常見的凝灰岩，主要是考慮到玄武岩比較能禁得起地震與海嘯的摧殘。新造的摩埃像本體高二點五公尺，配上基座和帽子高約五公尺、重約六噸。二〇一二年十二月運抵日本後在各地巡迴展示了約半年時間，二〇一三年五月二十五日在南三陸町正式揭幕，圖吉老師傅的兒子代表父親到場，為摩埃像安上以黑曜石和白珊瑚做成的眼珠子。

眼珠子代表摩埃像的靈力，圖吉老師傅的兒子含著淚水說，希望能藉此撫慰南三陸的哀傷，並且從此守護災區的重建。「摩埃」（Moai）在復活島的古老語言中代表「活向未來」（未来に生きる）。

被地藏化的摩埃像

日本現有的摩埃像分散於全國各地，有的被當成復活島版的「地藏菩薩」一樣的崇拜。南三陸町除了新舊兩尊在復活島打造的摩埃像之外，還有小型的複製版及摩埃像人孔蓋、馬賽克畫，町公所也積極以摩埃像開發土產伴手禮。

此外，香川縣高松市獲贈的回禮摩埃像設於該市女木島上、宮崎縣日南市摩埃像為復活島長老會公認的版本，以福島縣產的凝灰岩打造、福岡縣中間市的石像公園有數尊複製品、札幌市南區的一座靈園也豎立了多尊複製品，摩埃像已完全被地藏化、姬路市的太陽公園及和歌山市的和歌山大學附近也有數尊複製品。

剪個頭髮都有事

日本美容院與理容院的戰爭

二〇一五年三月初的某一天，日本首相安倍晉三來到澀谷的一家美容院剪頭髮，這家美容院店名「hair guest」距離澀谷車站走路約十分鐘，位於一棟大樓的二樓，店內空間不大，幾名師傅都是老手，剪一次頭（含洗頭）將近日幣七千圓。

身為日本的門面代表，安倍和歷任首相一樣非常重視儀容，不過他沒有承襲師父小泉純一郎的獅子頭，而是抹上髮蠟中規中矩的紳士頭。

安倍大約每三個星期剪一次頭髮，這家美容院是太太昭惠夫人介紹的，昭惠是這裡長達二十年的老主顧。安倍喜歡老闆建議的髮型，比起以前留的七比三頭看起來更年輕，所以五年來幾乎都是把頭交給 hair guest 的老闆料理。

除了剪髮，安倍還會加點 hair spa，全程大約花一個半小時的時間，對於公務繁忙的他，可以乘機閉目養神，偶爾也和老闆聊聊最愛的高爾夫，彼此很有默契地不談政治，搞定了三千煩惱絲，安倍也得到了適度的紓解。

這原本只是一件很一般般的「首相日常」，不過，隔天《日本經濟新聞》卻登了一則新聞嚇壞了全日本的美容院業者。新聞的內容大意是說，根據現行的法律，美容院是不得為男性「純理髮」，安倍上美容院剪頭髮，可能會害美容師觸法。

這是什麼鬼！剪頭髮不上美容院，難不成得自我了斷？

美容院不得為男性顧客純理髮的規定，會讓人忍不住「蛤？」一聲，其實，類似這種怪規定，在日本還不只一件，二〇一六年六月之前日本夜店過了半夜十二點禁止跳舞。理由是日本古老的法律將「跳舞」當作是判別「風化場所」的標準之一，風化場所規定只能營業到半夜十二點，所以夜店若要在午夜之後繼續營業，就不能跳舞。這項長達約七十年的跳舞禁令終於在二〇一五年修法解禁了（二〇一六年六月施行），很多朋友覺得訝異，身為已開發國家、看起來也很洋化的日本，怎麼會有如此落伍的禁令。

回到美容院的主題，男生不能上美容院剪髮，到底該去哪剪？答案是「理容院」日文又名「床屋」。

老一輩的人大概都還有印象，早年學校規定「男學生剃三分頭，女學生耳下二公分」，男生都是上理容院給師傅剃頭，理容院還有幫人刮鬍子，抹了一臉泡沫的那種本格派的刮臉，有的店門口會貼著「山本頭、電棒燙」等項目表。後來台灣有一陣子流行「觀光理容院」，理髮兼觀「光」，外頭還有三七仔拉客。

日本也差不多，基本上是男生上理容院，女生上美容院，同樣都是負責處理客人的「項上人頭」，但卻有不同的內容分工和法律規定。

根據理容師法規定，理容師得為人理髮、修容、刮鬍。美容師法則規定，美容師得為人燙髮、結髮（梳頭）及化妝等。

理容師法制定於一九四七年，美容師法則晚了十年於一九五七年才制定。一九七八年當時的厚生省解釋，燙髮為美容行為之一，因燙髮而衍生的剪髮行為不限性別。另外，美容師可為女性剪髮，不限是否有燙髮行為，除此之外，不得為男性客人純剪髮。

換句話說就是，男生如果到美容院去燙頭髮（或染髮），可以「順便」剪頭髮，但不能「純理髮」，女生則沒有限制。不過因為這項規定已有三十五年的歷史，官方執法也睜一隻眼閉一隻眼，所以很多新興的美髮業者根本搞不清楚有這項禁令。

日本很喜歡「紅白戰」或「東西戰」二分法的戰爭，沒想到連剪頭髮也被捲入這樣的戰爭。戰爭的源頭必須追溯到更早的明治時代，因為文明開化，斷髮令讓男性有了理髮的需求，而當時的女性仍習慣留長髮梳包頭，根本沒有剪髮的概念。

理美容業起初並沒有如此的分法，但在戰後不久的一九五〇年代，理美容業因為收入穩定，吸引很多人投入這項行業，結果造成惡性競爭，為了保護較弱勢的業者，一九五七年理容業和美容業分家，兩業公會甚至頒布內規，規定公會成員的營業日、營業時間及收費標準，除非家人同時有理容師與美容師，否則不能在同一家店裡執業，避免有人投機取巧撈過界。

理容與美容的紅白大戰壁壘分明，井水不犯河水相安無事，一直到九〇年代兩性共享的美髮沙龍問世，打破了理容與美容的藩籬，大企業投資的連鎖髮廊林立，男生上美容院理髮變得理所當然，最新調查顯示，日本二十～六十四歲男性有百分之四十五點七和安倍一樣上美容院理髮。日本理容院呈現萎縮狀態，一九九二年全國約十四萬三千家，二〇一二年減為十三萬家，而美容院則從十八萬八千家，增為二十三萬一千家。

另一方面，一九九五年開業的千圓快剪屋 QB HOUSE，以「QUICK BARBER」（快剪）和「QUICK BEAUTY」（快美）的概念，加上一千圓搞定的低廉價格席捲全日本，也挑戰理美分業的既有法規。

日本業者和民間團體二〇〇五年提案要求法規鬆綁，但一直沒有下文，結果因為首相帶「頭」違法，不合理的規定再度受到媒體討論，不過也因為這件插曲加速了法規的修改。

二〇一五年作為「安倍三支箭」的改革事項，由內閣府主導在當年六月底內閣會議決議修改理容師法及美容師法施行細則，有條件放寬理美容師可同室執業，新規定在二〇一六年四月一日正式施行，換句話說，即使法規尚未將理容師與美容師兩種身分合而為一，但實質上兩者間超過半世紀的法規藩籬已形同被拆除。

順道一提，在日本擔任理容師或美容師必先考取國家考試執照，而且學歷規定高中畢業以上，須經二年的培訓課程才能取得報考資格，規定算是非常嚴格。

有趣的是，由於剪髮並非美容師在法規上的本業，所以培訓課程也著重燙髮、染髮及化妝，花在剪髮的時間上較少，所以若不計較設計感和流行感，在日本想找剪髮的高手，應該去理容院試試。

日本的頭號耶誕老人「殿下」

耶誕老人長什麼樣子？

現在如果拿這個問題到街上去隨便問一個路人，可能會被當成外星人。可是在一百四十多年前的日本，這可是個大問題，在那個基督教仍被多數日本百姓視為「邪教」的年代，別說是耶誕老人了，連耶誕節是什麼，都僅有少數人才答得出來，而且答案還不見得一樣。

提起耶誕老人，很多人腦海裡浮現的形象，大概就是紅通通的衣服和帽子上滾著白色鑲邊，有一臉雪白的大鬍子，挺著大大的肚子，不時還會發出「hohoho」的笑聲，一位慈眉善目的阿公。

不過在一百四十二年前，日本史上首位登場的「和風」耶誕老人可不是這種扮相。這位耶誕老人穿著武士正裝「裃」，腰上掛著長短刀，頭上戴著武士假髮，活像從將軍府走出來的「殿下」。

回到一八七四年

日本明治時代初期，天皇才剛從德川幕府拿回政權，一來又要「王政復古」，再來又要「明治維新」，換句話說，吸收西洋現代化知識、技術、制度及文化之餘，還要保留日本精神。

日本希望加速西化，好跟西洋列強平起平坐，基督教是西方文化的基礎，很多思想或技術都是透過傳教士傳進日本，明治政府原則上禁止基督教，但另一方面卻又接受基督教的文化，例如一八六八年公布新制休假日，以基督教的「禮拜日」取代原有的「一六日」。

禮拜日也就是主日，耶穌復活的日子，「一六日」則是陰曆每月個位數一和六的日子。咦，算一算原本月休六天變成月休四日？

除了禮拜日休假之外，日本人也發現西方人對「耶誕節」的重視程度，不亞於日本的「盂蘭盆節」，日本為了西化也默許耶誕節的活動，沒有宗教信仰的基礎，純粹當作一種西洋祭典看待。對於「一神教」信仰的人可能很難接受這種做法，但對「多神教」的日本而言，八百萬神明中再加個耶穌基督似乎也沒什麼好大驚小怪的。

江戶幕府後期，日本在列強的船堅砲利下被迫開港開市，為了安置這些阿凸仔，幕府在開港地區設有外國人居留地，鄰近東京灣的海浦新生地築地也在一八六九年設了外國人居留地。歐美教會、醫院及學校進駐該區，這裡也成為日本基督教發展的據點之一。

日本天主教是在戰國時代的一五四九年由西班牙籍傳教士，也是耶穌會創始人之一的沙勿略傳入，他同時也帶來了耶誕節文化，第一場耶誕彌撒是在一五五二年由西班牙傳教士托雷斯，在現今的山口縣為教徒舉辦。不過，史料上有記載的第一場由日本人主辦的耶誕節活動，則是在一八七四年，由一位名叫做原胤昭的人主辦，地點就在築地外國人居留地內的一所女子教會學校。

原胤昭是一位在江戶出生的貴公子，兒時被過繼給舅舅當養子，原生父親和養父都在幕府當官，祖先裡有人因為信仰天主教在江戶初期的「元和大殉教」中被處死，或許是冥冥之中的一種緣分，原胤昭在一八七四年、二十二歲時在築地的東京第一長老教會受洗，後來從事宗教書籍出版、監獄教戒師及防止兒童受虐等工作。

原胤昭受洗後為了表達感謝之意，在同年舉辦耶誕節慶祝活動。史料記載，當時美國公使館聽到風聲，或許是基於熱心，也可能還不太相信日本人，活動舉辦的前一天派了四名職員到會場視察。

原胤昭花了大錢費盡苦心，從天花板垂吊了一個巨大的十字架下來，上面還掛滿了蜜柑裝飾得很有年節氣氛，但公使館人員一看皺了眉頭說，這是天主教的做法，基督教不來這一套要求他撤除。

原胤昭超無奈，但也只能乖乖地撤掉十字架，不過這麼一來會場顯得空盪盪的很無趣，於是他又想到不如弄一點人造花來裝點一下。問題是隔天就要舉辦耶誕節活動，一時半刻去哪找人造花。

然後他又靈光一閃，想到淺草仲見世有很多家賣女生頭飾的「花簪屋」，馬上又撒了一筆大錢，雇人租了人力車衝到淺草收購花簪，用這些花簪裝飾會場。

光是這樣原胤昭並不滿足，他還想搞一點神祕，希望在活動開始前遮住這些布置，於是這時又需要一塊大的布幕，但舞台布幕只有橫濱的店才有販賣，就算花錢派人去採購，可能會來不及，所以他就動用關係，從附近的劇場「新富座」借來了一塊大型的舞台布幕。

原胤昭出身江戶，從小看慣了江戶三大祭典之一的「神田祭」，當時日本稱耶誕節為「降誕祭」，所以原胤昭也比照江戶廟會的規格舉辦這西洋廟會。

日本第一位本土耶誕老人

在這個和風味十足的耶誕晚會，會出現一個純日式的耶誕老人，似乎也非常合理。

扮演耶誕老人的人物名叫戶田忠厚，一八五一年出生於武士家庭，這年他才二十三歲，後來於一八七七年受洗並成為牧師。換句話說，戶田是在扮演耶誕老人之後，才正式成為基督教徒。

戶田的日版耶誕老人，身穿武士正裝，腰掛長短刀，頭戴武士假髮，雖然有點不倫不類，但這卻是一名武士最隆重的打扮，最重要的是，戶田是日本史料上記載第一位由日本人扮演的耶誕老人。

研究日本耶誕節很有心得的專欄作家堀井憲一郎說，當時的日本為了趕上列強，拚命追求形式上的西化，有趣的是西方文化傳進日本，又被民間自動改版「在地化」。

日本真正開始流行過耶誕節，是在一九〇六年前後，當時的日本連續打贏日清戰爭和日俄戰爭，開始有一點列強的fu，自信心大增，西洋的耶誕節成為日本人覺得可以放鬆一下、盡情歡鬧的日子。所以當時非基督教徒的中上層家庭，把耶誕節當作過年一樣慶祝，其中陸海軍最high，被外國武官招待去料亭喝酒狂歡，席間還有藝伎陪，耶誕節的慶祝方式完全走樣。

至於送禮物這件事，日本原本在年節就有送禮的習慣，所以這部分反而沒有什麼違和感。

日本第一棵耶誕樹

耶誕樹是耶誕節不可或缺的應景裝飾品，就和日本過年必須在門口擺上「門松」一樣。資料可考的日本第一棵耶誕樹，是在一八六〇年由普魯

左：一八九八年日本教會主日學教材中的耶誕老人插圖，漢字為「三太九郎」（さんたくろう），麋鹿換成了驢子。
右：一九一四年《兒童之友》（子供之友）刊載的聖誕老人插圖。

士外交官拼裝的，樹上以橘子、梨子、糖果和蠟燭裝飾。

日本人自己弄出來的第一棵耶誕樹則是在一九〇四年登場，創立於橫濱的食品酒類批發商「明治屋」，也是麒麟啤酒最原始的總代理商，為促銷年節酒類和食品禮盒，在位於銀座的「麒麟啤酒明治屋」店裡擺飾了耶誕樹和燈飾增加氣氛，之後便帶動了銀座的耶誕燈飾，耶誕燈飾現在也成為日本定番，尤其是東京的鬧區，每到了年底就變成一片華麗的燈海。

日本人耶誕節吃蛋糕已經變成一種習俗，起源於一九一〇年，由糕餅業龍頭「不二家」首先發難，類似這種起源自商業而非宗教的特有習俗，另外最著名還有裝滿糖果的耶誕襪，於一九四七年由「近商物產」推出，日本人流行在耶誕節吃炸雞大餐，而非歐美的火雞大餐，則與肯德基在一九七〇年登陸日本有關。

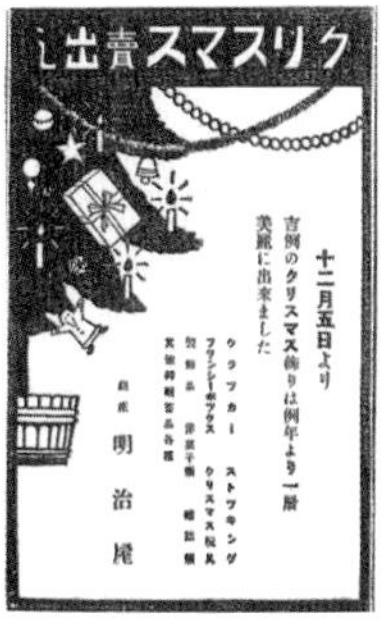

明治屋的聖誕節廣告。

夏天吃鰻習俗，其實是廣告唬爛出來的

日本有「土用丑之日吃鰻魚」的習俗，每年大約在七月底登場的土用丑之日，只要翻開日本媒體，必定能看到鰻魚飯專賣店門口大排長龍的應景新聞。

夏天吃鰻魚可以消暑還能補精氣這個觀念深植日本人心，但這項習俗的形成，其實和台灣的中秋節烤肉有著異曲同工之妙，兩者都是由成功的廣告所創造（唬爛）出來，換句話說，並不是自古以來就有的習俗。

中秋節烤肉的由來就不用多介紹了，至於土用丑之日吃鰻魚則是從十八世紀中葉的江戶時代開始流傳，源自鰻魚店張貼的一張廣告。

雖然鰻魚是江戶時代的庶民料理，但魚類通常在冬天最肥美，即便是養殖的鰻魚也不例外，所以一開始，江戶人也只在冬天吃鰻魚，所以一到了夏天，賣鰻魚的老闆就會愁眉苦臉。

江戶時期有一位具有發明、醫學、劇作、畫家、俳人等多重身分的鬼才平賀源內，他幫鰻魚店老闆想出的解決之道，就是在店門口貼出「本日は土用の丑、鰻食うべし」（今天為土用之丑，應食鰻魚）的告示。

「丑」的日文發音為「うし」（u shi），也就是十二生肖裡的牛，日本原來就有習俗在「丑之日」食用「う」字開頭的食物，例如うどん（烏龍麵）、梅干し（酸梅）、ウリ（瓜類），大家深信是只要吃掉丑日的「う」字就能抗暑。

鰻魚的日文「うなぎ」正好也是「う」開頭，平賀輕而易舉地將冬天的鰻魚塞進了「う」字輩的消暑食物當中，尤其他又頂著博學大師的盛名，在告示隨手又寫上「吃鰻魚養精氣」，再以毛筆將「うし」畫得像滑溜溜的鰻魚，行銷效果絕對不輸給蘇東坡所畫的扇子。

話說回來，夏鰻雖然口感較差，但仍富含維生素A及B群，具有消暑效果，所以平賀並沒有廣告不實。

平賀雖然生在十八世紀中葉，但他為鰻魚店促銷的成功案例，讓他的

「本日は土用の丑、鰻食うべし」被日本廣告界奉為史上最成功的第一句「行銷口號」（slogan）。平賀後來還為牙粉廣告「漱石膏」作詞作曲，還幫音羽屋多吉的清水餅寫廣告文案，由於兩件差事均有收費，所以他又被尊為日本廣告文案的祖師爺。

日本廣告文案大師小霜和也主張「廣告的職責就是為『物品』與『人』創造新的關係」，他推崇平賀的鰻魚行銷口號和文案正是落實這句話的經典代表。

豆知識「土用丑之日」

「土用」指的是日本曆法中立夏、立秋、立冬及立春來臨前的十八天，一年有四次，不過現在一般泛指立秋之前十八天。

「土用丑之日」為這十八天內的「丑」日，由於丑日十二天輪一次，所以每年夏天的「土用丑之日」可能有一到二天，通常會落在七月下旬和八月初，例如二〇一七年的「土用丑之日」為七月二十六日及八月六日，稱一之丑與二之丑。二〇一六年只有一之丑落在七月三十日。

「土用丑之日」有點像農曆說的「三伏天」，也是一年之中最熱的時期，但因算法不同，所以日期也不同。

南韓泡麵的起源

一段被遺忘的日韓友好時光

「泡麵」被喻為是二十世紀最偉大的發明之一，根據世界泡麵協會（WINA）統計，二〇一五年全球消費量達九七七億包，換算每天消費二．七億包。大家都知道泡麵是日本「日清食品」在一九五八年發明，但日本人的消費量其實並不高，二〇一五年泡麵人均消費量為每人十三點五包，真正吃最凶的是南韓，人均消費量為七十二點八包。南韓人愛吃泡麵，但有件事可能有很多南韓人無法接受，那就是南韓的泡麵其實源自日本。

日韓兩國的關係一直搞不好，感覺南韓人對日本的好感度極低，尤其每到了大選時期，「反日」議題似乎變成任何政黨候選人都愛用的一種催票興奮劑，明明選舉是南韓自己的家務事，但日本老是躺著也中槍。

有人把日韓關係不好的「原罪」，歸咎於一九一〇年日本併吞韓國的「日韓合併」，但南韓真的人人都是「逢日必反」嗎？似乎也不盡然，只是「親日」的聲音不見於主流媒體罷了，因為至少可以舉出一個反證，那就是有「南麵泡麵之父」之稱的全仲潤，他曾經針對「日韓合併」一事發表看法說，以當時韓國的情況來看，遲早會被俄國、中國或日本併吞，但如果落入史達林的俄國之手，或是被國共內戰的中國統治，下場大概會和現在的北韓一樣慘，與其如此，不如讓日本統治比較好。

這種「與其讓中俄兩國統治，不如讓日本統治」言論，可能會讓很多反日的南韓人玻璃心碎滿地，但全仲潤會這麼說是有理由的。

南韓泡麵一九六三年問世

故事必須從一九六三年南韓第一包泡麵的誕生開始說起。南韓的泡麵產業是由日本泡麵大廠「明星食品」無償提供技術，甚至免費傳授配方才得以起步。全仲潤是南韓「三養食品」的創辦人，也是南韓第一包泡麵的製造者，他在二〇一四年以九十四歲高齡辭世，被尊稱為「南韓泡麵之父」。

一九六〇年南韓經歷了韓戰之後百業蕭條民不聊生，當時人均GDP（國內生產毛額）為一百美元，大概是二〇一五年二點七萬美元的二百分之一不到，由於糧食缺乏，許多人購買一種被稱為「豬粥」的稀飯果腹。「豬粥」是以駐韓美軍剩菜剩飯煮成的稀飯，在首爾南大門市場販賣，每碗五韓元，很多人排隊購買，而且還不見得人人都買得起。

全仲潤當時為三養食品的前身「三養工業」的社長，他看到這種情景，決心要開發一種人人都買得起，也能吃得有尊嚴的食品。在那之前不久，一九五八年日本「日清食品」的台裔日籍創辦人吳百福（安藤百福）發明了「チキンラーメン」（雞絲麵），為全球的飲食文化帶來革命性的影響。

全仲潤一九五九年訪日時，曾經試吃過這項神奇的日本雞絲麵，對那個滋味念念不忘，於是他想到複製日本的點子，在南韓生產泡麵，以麵食來彌補米糧的不足。當時他向政府大力遊說，終於說動朴正熙政府借他五萬美元投資生產設備，一九六三年他帶著生產計畫書到日本取經，尋求願意提供技術合作的廠商。

但是全仲潤接觸的日本泡麵廠商卻開價三千萬圓，以當時幣值換算大約八萬美元，而且還有一堆嚴格的條件，畢竟在商言商，日方的要求合情合理。就在全仲潤快要心灰意冷之際，有位朋友幫他介紹了明星食品的創辦人奧井清澄，兩人一見如故。

奧井對於全仲潤想取得日本泡麵技術的起心動念相當感動，毫不遲疑地答應全力協助，而且無償提供技術指導、不收授權金，設備費用也大方折扣，兩台機器僅收一千萬圓，大約二點六八萬美元，這對於僅有五萬美元資本的全仲潤真是幫了大忙。

明星食品全力協助

明星食品創辦於一九五〇年，剛好是韓戰開打的第一年，一九五九年開始製造泡麵，明星的代表作「明星味付拉麵」在一九六〇年上市。奧井說明星食品雖然沒有直接受惠於韓戰的特殊景氣，但企業能發展也不能說毫無關係，基於民間外交，奧井決心幫到底。

除了無條件全力協助之外，奧井還有一件更驚人的舉措。全仲潤在明星食品的工廠實習了十天，觀察生產線、包裝及出廠流程，實習結束返回南韓時，奧井的祕書到羽田機場送機，同時交給全仲潤一封奧井的親筆信。奧井在信中說，經過數天的相處，他確定全仲潤是一位清廉正直有良心的企業經營者，為了對兩人的相識表示感謝之意，奧井附上了明星泡麵的原料配方。免費奉送一家公司最重要的祕密，可不是一句「佛心來著」就能形容的大膽之舉。

全仲潤返韓後開始設廠，明星派了大批技術人員到南韓支援一個月完全免費，一九六三年九月十五日，三養食品推出南韓的第一包泡麵「三養라면」（三養拉麵），包裝上印著明星食品技術提攜。一包售價十韓元，以當時南韓一杯咖啡三十五韓元來看，價格十分低廉。

不過，第一代三養拉麵照著日本配方製造，由於口味清淡不符合南韓人的「重口味」，銷量並不好，三養食品面臨破產危機。當時同意貸款給全仲潤的朴正熙總統為此親自到三養食品視察並試吃泡麵，朴正熙試吃之後提供關鍵性的建議，他要全仲潤在泡麵裡加辣椒。朴正熙說，韓國人愛吃辣，加多一點辣椒就對了。

經過朴正熙的建議和加持，三養拉麵在一九六六年成立研究室更改麵條配方和湯頭口味，並於南韓各地舉辦免費試吃，終於開花結果大賣特賣穩坐泡麵市場龍頭，直到一九八六年南韓農心食品推出王牌「辛拉麵」之後，才退居市場老二。

這段日韓友好的「美談」在南韓很少被媒體詳細介紹，南韓民眾似乎也不太知道有這段過去。大家都說「歷史不能忘」，但多數人都只記著歷史仇恨的一面，而忘卻溫情的一面，套句好萊塢影星梅莉·史翠普在美國大選前曾說過的名言：「輕蔑會帶來更多輕蔑，暴力也只會引來暴力。」同樣的「仇恨也只會帶來仇恨」，所謂的「輸家」往往是被仇恨打敗的自己而非仇人。

IV 吉祥物專案

大象花子與山川清藏

一九六〇年六月，雖然時序已快進入夏天，但位於東京近郊的武藏野台地，早晚仍有涼意，台地上鄰接都心二十三區的三鷹市，有座名為「井之頭自然文化公園」的都立動物園，當時附近的開發不如現今密集，公園內外都是蓊鬱蒼翠的樹林。

山川清藏踏進了這座充滿綠意的動物園，但他眼前看到的卻是一間陰暗的獸欄，裡面關了一頭大象，四隻腳被結實的鐵鍊牢牢地拴住。

「殺人象」花子

這年清藏三十一歲，眼前的這頭大象叫做花子（はな子）十三歲，是頭三噸重的亞洲象。

花子這時有個外號叫做「殺人象」，牠的眼中充滿著敵意，長長的鼻子已進入了備戰狀態，彷彿像要警告眼前的清藏，只要闖入射程範圍，必定把他狠狠地甩出去。

清藏是從多摩動物園調來的大象飼育員，在他到任的大約二個月前，負責照顧花子的另一位飼育員遭到花子的踩踏而不治。

關於飼育員是如何殉職的，外界有各種說法，有人推測飼育員因舊疾發作倒在花子的飼料桶內，大象為了護食而踩了飼育員，但也有人認為花子是惡意踩死長年照顧牠的人。因為在飼育員遭踩踏的四年前，也就是一九五六年，花子曾經用同樣的方法對付一名闖入獸欄的醉漢，造成醉漢死亡。

兩件踩踏死亡意外都沒有目擊者，沒有人知道實情是什麼。第一件意外發生時，很多人站在花子這邊，認為錯的是醉漢，但當第二件意外發生後，大家的信心動搖了，開始有人稱花子為「殺人象」，甚至有人主張應該直接處決。

承襲「花子」之名也承襲苦難？

花子是日本戰敗後重建的象徵之一，由已故的泰國前軍事顧問、富商Somwang Sarasas於一九四九年送給日本的「和平使者」，當時花子還是二歲半的小象，體重約一百公斤。

日本在二次大戰前國內已開設了多家動物園，但很多猛獸及大型動物在戰爭中被處決，理由是擔心空襲發生時，這些動物可能衝出獸欄危害市民安全。當時上野動物園的三頭大象，因為找不到適合的處決方法，最後遭到最不人道的方式活活餓死。

戰後社會逐漸恢復正常的運轉，民眾也開始有了上動物園的閒情，希望上野動物園添購大象的呼聲愈來愈高。

二歲半的小母象花子第一個被送來上野動物園，經過公開徵名，多數民眾希望把牠命名為「花子」。但是「花子」也是戰爭中上野動物園餓死的三頭大象之一，繼承這個名字的小母象，彷彿也繼承了前任者苦難的命運。

既萌又可愛的小母象花子，很快地成為上野動物園的「看板娘」，一九五〇年左右以「移動動物園」的形式在全國各地巡迴，所到之處萬人空巷。到了一九五四年，上野動物園的大象園區包括花子在內，已經養了三頭大象，園區開始顯得擁擠，這時新成立的井之頭自然文化公園，希望領養其中一頭。

「要取得花子的信任必先信任牠」

花子在一九五四年被送到井之頭，當時才七歲多。群體性極強的大象突然落單，不但孤獨而且隨時處於緊張的狀態。據說象群睡覺時，會有一頭象保持清醒狀態以負責警戒，沒有同伴幫忙警戒的花子，來到井之頭陷入了想睡但又不敢睡的困境。

精神的折磨讓花子瀕臨崩潰邊緣，再加上兩次踩踏意外，被人用鐵鍊拴住，對於人類已完全喪失信任，花子連食物也不太願意吃，瘦到背脊和肋骨都清晰可見。

一九六〇年六月，清藏就是在這種情況下，接下了照顧花子的工作。看到作勢要把他甩到九霄雲外的花子，清藏只說了一句話：「怎麼瘦成這樣，好可憐。」當時的清藏或許沒想到，他從那天開始，將因花子展開長達三十年的「大象職人」生涯。

清藏從一九六〇年起成為花子的飼育員，一直到一九九〇年退休，三十年間全心全意照顧花子，成為牠最大的依靠。但一開始，花子的心扉緊閉，並不是那麼容易開啟的。

清藏到任的第四天，他做了一件事，讓全動物園的同事嚇出一身冷汗。他將綁在花子四隻腳上的鐵鍊鬆開了。

清藏說，要讓花子相信他，必須先相信花子。

清藏試著用手將水果送到花子的口中，用稻草幫花子刷身體，不停和牠說話，然後也試著帶花子走出獸欄，來到展示廣場上活動筋骨，起初有憤怒的民眾對著花子丟石頭，大罵「殺人象」，清藏選擇站在花子前方幫牠擋住石頭，民眾看到飼育員在場，也就不敢再丟石頭。

細心照顧六年花子才打開心扉

以前老派的飼育員由於缺乏飼養大象的經驗，會故意不讓大象吃太飽，用食物來控制牠們，但清藏的做法不一樣，為了讓花子趕快回復體力，他準備了水分含量較高蔬菜讓花子盡情享用，無條件地讓花子吃到飽為止。這樣無微不至的照顧，前後花了六年的時間，花子終於對清藏打開心扉，願意用鼻子來舔清藏的手，而花子的體重則是在清藏照顧八年後才恢復到正常的水準。

花子恢復了對人類的信任，也再度成為井之頭動物園的人氣明星，不過在一九八三年花子三十六歲的時候，新的問題又出現了，正處壯年的花子，嘴裡上下左右四顆牙齒，竟然掉到剩一顆。

大象一生會換六次牙，野外的大象如果牙齒全掉光了，就代表死期將近。花子因為長年的壓力所致，牙齒提早掉光，食物無法完全咀嚼，會造成便祕。清藏試了很多方法，希望讓花子易於進食也易於消化，最後想到的竟然是用手工將花子的食物切成細丁，再做成圓球狀的飯糰。

成年大象每天吃四餐，一天吃下的食物約一百公斤，這代表清藏每天要切好切滿一百公斤的水果、蔬菜和青草。這時的清藏已經照顧花子二十多年，自己也年逾半百，很多粗重的工作已超越他的體能負荷。

清藏一直照顧花子到六十歲屆齡退休，退休後又當約聘人員和花子多相處了一年，一九九〇年他離開井之頭動物園，雖然心裡很想再和花子多相處幾年，但這時的清藏已經罹癌，活著只是靠著意志力支撐。

山川清藏在一九九五年因癌症去世，得年六十六歲。他離開井之頭到過世，五年間從未回去看過花子，因為擔心花子會因此無法適應新的飼育員。

父子二代都與花子結緣

清藏一生為花子「完全燃燒」，幾乎把家庭和妻兒拋在一邊，這讓他的獨子山川宏治非常不諒解，但宏治卻沒有料到自己會追隨父親走上動物飼育員這條路，而且在一九九六年接手照顧花子九年，父子兩代都和花子結下深厚的緣分。

一九五四年出生的宏治，就是在花子被送到井之頭那一年出生。他在

花子晚年。　　攝影／陳穎禎

高中畢業後報考了基層警察，雖然錄取了，但做沒多久發現和自己的志趣不合，重新報考東京都的職員。

高中讀畜產科的他，自然而然成為動物園的飼育員，人家都以為他受到父親的鼓勵，但事實上，動機很可能只是他想讓父親看到自己的存在。

宏治說，父親滿腦子都只有花子，小時候從來沒跟父親玩過傳接球，對父親有一肚子的不滿。但在父親去世隔年的一九九六年，宏治從多摩動物園被調到井之頭，負責照顧花子後，才開始發現父親的偉大，他說關於父親的事，很多都是花子教他的。

從清藏的退休到宏治接手的五、六年間，井之頭改變對花子的照顧方式，這讓花子的心扉再度關閉，飼育員們對這頭「難搞的女王」都非常頭痛。宏治看到花子時，以為父親照顧三十年的大象應該會看在老爸的情面上對他好一點，但動物的世界可沒有「世襲」這兩個字。

「保護自己就是保護大象」

宏治花了很多工夫和花子建立新的信任關係，在麵包裡加入自己的唾液，讓花子熟悉自己的氣味，用手指按摩花子屁股、撫摸牠眼瞼周圍，漸漸地花子也伸出鼻子要求和宏治握手。

宏治說，他非常感激父親打下的信賴基礎，讓他在很短的時間內重新打開花子的心扉。二年後，宏治有個大膽的點子，就是開放獸欄讓民眾進入和花子近距離接觸、餵食，這在當時的日本是一項創舉。

宏治藉此再度將花子推向人氣明星的巔峰，二〇〇四年他調回多摩動物園，結束與花子長達九年的朝夕相處，二〇〇六年他以父親和花子的故事出版了《父親深愛的大象花子》，書中宏治將花子封為是「全世界最棘手的大象」。

宏治說他當上大象飼育員後，父親只教過他一件事「保護自己就是保護大象」，千萬不能讓大象傷到自己，不然會害大象遭受到花子相同的苦難。

波瀾萬丈的一生，花子安息

二〇一三年花子年滿六十六歲，刷新日本飼育大象最長壽的紀錄。這時的花子已經相當年邁，象皮褪色幾乎快變成白色，視力也變差，而且神經質依舊，因為曾用鼻子把飼育員絆倒，還曾把女獸師拋出去，二〇一一年園方決定採間接飼育，隔著閘門餵食，也不再陪牠到廣場上運動，花子再次落單，經常站在飼育員出入口等待不會再進來和牠做伴的人們。

二〇一五年一名加拿大的部落客看到花子孤獨地站在水泥建造的象園中相當吃驚，在部落格發文寫下花子令人鼻酸的遭遇，後來網路有四十五萬人連署，要求日本將花子送到國外大象保護區安養天年。

這件事在國際上引起了議論，英國媒體稱花子為「全世界最孤獨的大象」，日本也極力解釋花子年邁已不適合長途移動，後來三月井之頭園方和這名部落客及動保人士溝通，承諾改善花子的住居環境。

但在二〇一六年五月二十六日花子終究還是因為衰老而倒地不起，結束了六十九年的生涯。二〇一七年五月五日兒童節當天園方以民眾的捐款在JR吉祥寺站前設置了花子的銅像，邀請已故泰國富商Somwang Sarasas的兩位兒子到場揭幕。

大象花子的一生，被冠上了很多封號，包括「和平使者」、「殺人象」、「全世界最棘手的大象」及「全世界最孤獨的大象」，牠是許多日本戰後出生者兒時的共同記憶，有很多的心情和故事不是用一句封號就能說明清楚的。

「完敗女王」賽馬春麗的故事

春麗（ハルウララ）是高知賽馬場一九九八年到二〇〇四年間出賽的一匹賽馬。六年的賽馬生涯中，春麗一共出賽了一一三場，結果也連敗了一一三場。

賽馬生涯從未跑過第一名的春麗，卻拯救了位於四國的這間B級賽馬場免於關門大吉，牠甚至拯救了許多瀕臨自殺邊緣的失意人，成為舉國皆知的「失敗者的希望之星」，有人封牠為賽馬界的「玉女偶像」，也有人戲稱牠為「國民寵物」。

就在聲望如日中天之際，二〇〇四年秋天春麗突然戲劇性地從高知賽馬場消失，生死不明，十多年過後，早被遺忘的春麗卻出現在美國的一部

紀錄短片中。這部名為《敗組之星春麗》（負け組の星、ハルウララ）的短片，二〇一六年四月在多倫多國際紀錄片電影節（Hot Docs）獲獎。

紀錄短片為美國電影導演 Mickey Duzyj 的作品，全片以動畫輔助歷史畫面及人物訪談構成，長約二十分鐘的短片，講述春麗傳奇的完敗故事。一位高知大學的日本交換學生，在瑞典看到了這部動畫深受感動，她和友人組成執行委員會引進這部短片，於二〇一六年十月下旬在高知安排兩天播映，讓春麗從大銀幕上「凱旋榮歸」。

日本有很多春麗相關的書籍、電影，甚至是歌曲，大都以勵志的角度來講述春麗的故事，但是套一句電影經典台詞「最深的黑暗往往來自最光明的地方」，事隔十多年後再來看春麗的故事，卻是令人五味雜陳。

先來聊聊光明面的部分。

春麗是一匹純種母馬，一九九六年二月出生於北海道一家賽馬繁殖牧場，因為體型嬌小又超級膽小，牧場主人雖然送牠去賽馬市場拍賣但乏人問津，由於判斷牠不適合當繁殖的母馬，最後勉為其難送到高知賽馬場接受調教參賽。

當時的高知賽馬場相對於全國其他賽馬場，不但規模較小且知名度低，勉強算是B級賽馬場，牧場主人千里迢迢將春麗送到這裡，主要是相中這裡的預託費用較低，春麗上場也比較有勝算。

照料一匹賽馬的費用，每月平均超過十萬圓，春麗的預託費一年大約一百三十萬到一百四十萬圓，牠每次上場比賽大概可以分紅六萬圓，幸好牠一年能出賽約二十場，勉強維持基本開銷，否則可能早就被送去屠宰場變成馬肉了。

傲嬌春麗膽小怕生

春麗的調教師是由騎師引退的宗石大，宗石和牧場主人是舊識，基於私交硬著頭皮接下了照顧和調教春麗的工作。他第一次幫春麗上鞍，就吃了一頓排頭，春麗膽小怕生卻極為傲驕，牠甩掉馬鞍也拒絕運動，遇到洗澡更是狂暴，直接用後腿踢飛水桶，對著厩務員齜牙咧嘴。宗石費了一番工夫摸順了春麗的脾氣，才將牠交給一名菜鳥厩務員照料。

「春麗」這個名字是由宗石命名，起初宗石打算幫牠取為「Mary Jane」，但這個名字已經有別的馬登錄，後來才改做「春麗」，宗石說春麗是一頭不好伺候的馬，至少幫牠取個可愛又輕鬆一點的名字，或許可以讓牠的性格多少變一下。名字的靈感來自一九九八年NHK晨間劇《天麗》，描述一名女木匠的故事，由須藤理彩主演。

一九九八年十一月中旬春麗首度上場，處女賽五馬同台牠拿了第五名，之後也一勝難求，一直到二〇〇三年五月底累計成績已來到了〇勝八十七敗。

賽馬是一種賭錢的運動，只有賭贏沒有賭輸，一匹從來沒贏過的馬，很難成為注目的焦點。但春麗的敗績卻引來了賽馬場播報員橋口浩二的注意，橋口在實況播報前會先了解賽馬的戰績，如果有哪匹馬得到首勝，他會介紹這匹馬是從某年某月出道以來的首勝。

橋口在春麗連輸了六十幾場之後開始對牠感到好奇，一匹從沒贏過的馬，為何還能繼續上場未被淘汰，他發現春麗每次上場都自信滿滿，眼神超殺，一副勢在必得的表情。橋口一路觀察，直到春麗拿到第八十七敗後實在是忍不住了，就把這個哏說給《高知新聞》的記者聽，結果記者真的把它寫成新聞，見報時春麗又添了一敗，連續八十八敗的牠在地方引起了小小的騷動。

屢戰屢敗而人氣不敗的賽馬春麗。　圖片提供／達志影像

當時高知賽馬場遇到空前的經營危機，泡沫經濟瓦解之後，賭馬的人也變少了，賽馬場的收入如果再惡化下去只有關門一途，高知賽馬協會苦無對策，負責宣傳的協會職員吉田昌史靈機一動，想到利用春麗的敗績為高知賽馬場做宣傳。

連敗女王一夕爆紅

用賽馬的敗績做宣傳，等於是家醜外揚，雖然不光彩但吉田苦無題材製造話題，只好死馬當活馬醫。他把春麗連敗九十場的新聞傳給全國四十多家媒體，原本以為沒有人理會，沒想到隔天全國性報紙《每日新聞》竟然拿來做社會版頭條，富士電視晨間新聞跟進。

結果「敗組之星」春麗，竟然因此一夕爆紅。以二〇〇三年七月二十三日為分水嶺，春麗從一匹沒沒無聞、未嘗勝績的C咖賽馬，成為舉國皆知的名馬。

春麗爆紅後，高知賽馬場也開始湧入人潮，牠的單勝馬票賣到翻過去，大家並非看好牠會贏得勝利，而是把牠的馬票買回去當護身符。據說功效包括不會被裁員、開車不會被撞到（因為不會中獎）等。還有很多失意者因為春麗而得到救贖，宗石曾接到民眾電話，對方說他受到春麗故事的鼓舞打消了輕生的念頭，協會也接到上百封類似的感謝函。

高知賽馬協會開始出品春麗的周邊，春麗的開運馬票、印有春麗圖案的T恤，寫著「NEVER GIVE UP」的毛巾，都有人搶購。有趣的是，很早以前調教師宗石曾為春麗製作了一款印有KITTY醬的粉紅色面罩，這成了春麗上場比賽時的正字標記，也讓春麗與日本的吉祥物文化無縫接軌。

春麗出賽的場次場場爆滿，二〇〇三年十二月十四日第一百敗時，有超過五千人進場，三十多家媒體上百名記者、攝影到場採訪，春麗的單勝馬票銷量高達三〇一萬圓，創下高知賽馬場的該項單勝馬票銷售紀錄。

A咖騎師與C咖賽馬夢幻合體

就在這時，春麗的完敗紀錄引起了騎師武豐的注意。一九六九年出生的武豐是當時日本最強的騎師，隸屬中央賽馬會（JRA），至今為止他累積騎乘數二萬場，勝績高逾三千八百次，為JRA歷代最多騎乘數及最多勝的紀錄保持人，是賽馬場上的傳奇明星。

超級A咖的騎師與超級C咖的春麗，在二〇〇四年三月二十二日實現了夢幻合體，再度製造了高知賽馬場的大爆滿，進場人數破萬，春麗出賽的場次馬票銷量破五億圓，單勝馬票銷量也高達一億二千多萬圓。這次來的媒體更多了，其中還有歐美各國的報社、通訊社。

在萬人的注目下，春麗也沒有讓大家「失望」，在十一匹馬中拿了第十名，這是牠的第一〇六次連敗。

事實上，武豐在騎上春麗的馬背之前，對於春麗的爆紅是有點不屑的，這其中包含了春麗的吉祥物化和寵物化已經脫離的賽馬的本質，一匹沒贏過的馬受到全國民眾異常的關注，對專業賽馬和騎師來說算是一種羞辱。

但他來到了高知，感受到全場上萬名觀眾全心全意為春麗加油，最重要的是他也感受到拍檔全心全意的跑步，這股熱情澆熄了他的怒火，比賽結束後，武豐做了一個出人意表的舉動，他騎著春麗繞場一周接受觀眾的歡呼。在賽馬場上只有奪冠的賽馬才有這種待遇，拿下第十名的春麗卻猶如女王降臨般接受觀眾膜拜，神情比奪冠還驕傲。

當時首相小泉純一郎，在春麗連一〇六敗的當晚也向媒體表示，即使春麗連戰連敗，大家還是替牠加油，這樣很好，而且這也正是春麗的風格。

但是，名聲如日中天的春麗，卻在這年的九月十五日從高知賽馬場上消失了。

馬主，也就是北海道牧場主人，已經無法承受春麗對他的牧場帶來的負面傷害，因為春麗的連敗，讓他養出來的其他賽馬乏人問津，沒有買主願意冒這種風險。二〇〇三年他把春麗轉讓出去，新的馬主在一年後又無償地將春麗轉讓給一家私人公司，這家公司的負責人安西美穗子出身廣告界，自稱懂馬語，她在賽馬雜誌上以「讓馬兒回家」，呼籲善待工作馬，她也實際協助引退的賽馬安養餘生。

馬的壽命可以活到二十至三十年，但真正投入比賽的時間只有三、四年，日本的賽馬界每年大約有七千匹仔馬加入，其中有九成最後都可能進屠宰場，因為馬匹的照顧費用極高，而且退役賽馬必須再花大筆費用調教才能轉為乘用馬，很多馬主或馬場根本不想多花這筆錢，畢竟對他們而言，馬是經濟動物並非寵物。

吸客活招牌與賣名搖錢樹

安西打著人道的旗號接手春麗，二〇〇四年九月將牠從高知賽馬場移送到那須高原的一座牧場，由於手法粗暴態度強硬，和高知賽馬場及調教師宗石發生很大的衝突，宗石希望讓春麗再多跑幾場，事實上，賽馬場方面也規畫好春麗在二〇〇五年三月的引退賽，但安西卻以春麗已經過勞需要休息將牠強行帶走。

當時的春麗已經八歲，作為賽馬年紀偏高，安西的訴求獲得一般民眾的支持，但宗石認為春麗在高知馬廄住了六年，硬將膽小怕生的牠帶到陌生的地方，必須適應新的環境和照顧牠的人，不見得是件好事。

雙方經過折衝最後說好讓春麗養好體力，隔年回來參加引退賽，但安西並未履行承諾，反而是和賽馬場爭奪商標權，從中取得七百多萬圓的權利金，並以募集「春麗的馬主」為名大肆募款，她解釋這是為了讓春麗和其他引退的馬兒安養餘生用的資金，但媒體質疑她的動機不單純。

有媒體指出，高知賽馬場或許把春麗當成「活招牌」，利用牠招攬賭客，但安西也可能只是把春麗當成「搖錢樹」，並以此博取好名聲。至於一般民眾把賽馬寵物化，也未必是健康的心態。

總之，春麗再也沒有回到賽馬場，牠的連敗紀錄停留在一一三敗，在當時為史上第二多敗。二〇〇六年十月正式被註銷賽馬馬籍，並從此消失無蹤生死不明。

春麗健在依舊傲驕

直到二〇一四年媒體找到了春麗，牠被寄養在千葉縣御宿町的一家馬場，依舊是我行我素的傲驕女王模樣，馬場負責人說，安西在二〇一三年將春麗帶到馬場來寄養，但是一個月八萬圓的寄養費她只付了半年，最後放棄了春麗的所有權。

千葉這家馬場的負責人說，起初安西要求不要公開春麗的名字，但安西棄養後，馬場負責人覺得不該讓這匹曾經賣力比賽過的馬兒就此被淡忘，所以為牠設立「春麗會」籌募每人每月一千圓的認養費，結果吸引了八十多人參加，現在每個月都還有三、四組粉絲來馬場探望牠。

年逾二十歲的春麗，換算成人類的年齡已是花甲之年，但牠仍然天真爛漫，遇到最愛的胡蘿蔔，還會撒嬌多要一點，飼育員如果笑牠「太胖」或把牠當作老人般的對待，牠就會齜牙咧嘴，如果有訪客來看其他的馬兒，牠還會吃醋猛踢馬廐。

宗石在紀錄片的片尾說，如果這個社會只看重勝利，每天的生活就會陷入無止境的競爭，輸與贏像戰爭一樣，所以對於全力奮戰最後卻輸掉的人，我們也應該給予肯定，雖然賽馬場上也有偷懶的馬兒，但春麗從頭到尾都是全力以赴。

逃過三次死劫的大阪強運奇「雞」

鳥園裡沒有養雞和動物園裡沒有養貓，可能都是基於同一種道理，因為雞和貓很常見並不稀奇。儘管很多現代都市人「吃雞肉卻沒看過雞走路」，不過人類將「雞」視為食用經濟動物，也許基於某些觀感上的問題，很難讓牠進入動物園變成觀賞用動物。

但是大阪市天王寺動物園，卻有隻強運奇雞「正寛君」（マサヒロくん）打破了這樣的宿命，牠不但逃過了三次死劫，還成為天王寺的人氣明星，二〇一七年酉年進入「雞」的本命年，正寛君可說是雞運亨通。正寛君在動物園內「橫著走」儼然一位巨星，很多人入園就是為了一睹牠的風采，最重要的是想沾沾牠的幸福強運。

公雞正寬君逃過三次死劫的強運奇蹟，必須從二〇一五年七月開始說起。

大阪市天王寺動物園為一間市立綜合動物園，一九一五年開園，為日本第三古老的動物園，動物園占地十一公頃，園內飼養了二百種約九百隻動物，可說是關西人都很熟悉的一間動物園。

據說動物園內飼養的肉食動物，因為長期關在獸籠裡，雖然野性較低但定期需要餵食活餌以滿足牠們的野性，藉此舒緩壓力。正寬君就是以「活餌」的身分進入天王寺動物園。

第一次死劫

換句話說，正寬君剛孵化成小雞後，在二〇一五年七月被業者連同其他的雛雞整批送到動物園，主要是要當作狸或浣熊的活餌，正巧當時園內有一隻藉由人工孵化的綠頭鴨誕生，綠頭鴨生性膽小，尤其落單時常因人類靠近而嚇到不敢吃飼料。

由於當時園內剛好沒有飼養其他的小鴨，飼育員心生一計決定找一隻小雞來作伴，小雞正寬君就在一群活餌中被幸運選中，成為小綠頭鴨的吃飯教練。而逃過第一次死劫的正寬君，也在「伴吃」的過程中逐漸長大成一隻小公雞。

第二次死劫

第二次死劫很快地在二個多月後降臨。二〇一五年九月動物園的鳥園區出現了不速之客鼬鼠，野生的鼬鼠偷偷摸進鳥園對園內的鳥類造成莫大的威脅，園方設下陷阱試圖捕捉這隻偷鳥賊，正寬君成為誘餌被關進捕鼠籠內，但左等右等足足過了三天，鼬鼠並未出現，正寬君被關在籠內卻一派老神在在的模樣，根本不知道自己再度和死神擦身而過。

動物園沒有養雞，也從未覺得需要養雞，所以動物園的雞必然不是用來觀賞而是用來被吃的。逃過二次死劫的公雞正寬君，似乎還需要經過一次試煉，才能向人類證明把牠留下來飼養的必要性。

第三次死劫

沒有成為鼬鼠腹中物的正寬君，很快就要被送進獅子等猛獸的獸欄中當成活餌，但說來也巧，那段期間動物園內的獅子老虎等猛獸都元氣得不得了，根本不需要活餌舒壓解悶，沒有任何單位向飼育組提出活餌申請，於是正寬君再次錯過了被吃的時機。

這下飼育員才意識到，他們遇到了動物園史上最強運的一隻雞。如果再把牠送進虎口，有一種可能會遭到天譴的感覺。

一般的公雞長大後脾氣都不會太好，啄人咬人也是家常便飯，但正寬君卻很好「逗陣」，牠從小就喜歡站在飼育員的手臂上，而隨便人家又摸又抱也不會翻臉，飼育員在準備動物飼料或清掃時，牠還會趨前來湊熱鬧，可愛的模樣深得飼育員們喜愛。

跟飼育員混熟了的正寬君，二〇一五年十二月起開始在園內散步逛大街，有時還會自動跳上園裡載運飼料的搬運車「押車」，遇到參觀的民眾也不會閃躲，大方給人抱抱拍紀念照。

強運

和女霸王大象博子成為園友

正寬君的名字來自兩名負責鳥園和大象園區的飼育員「正人」（マサト）和「芳寬」（ヨシヒロ），牠不但和這兩名飼育員混得最熟，甚至還和園內最難搞的大象「博子」成為另類園友。

天王寺動物園飼養的亞洲象「博子」大約有四十八歲，牠是大象園區出名的女霸王。大象園區除了博子之外，原本還有另外兩頭母象「春子」和「百合」，春子在戰後從泰國來到日本，君臨天下數十年，牠和百合情同姊妹，來自印度的博子進入園區時間較晚，起初經常遭到春子和百合兩姊妹聯手霸凌，百合還曾兩度挖洞害博子跌落，但百合在二〇〇〇年因心臟病死亡，博子趁春子落單展開絕地反攻，兩頭母象從此陷入長達十多年的女人的戰爭。

二〇一五年七月高齡六十多歲的春子病死，博子因為宿敵不在顯得非常自在，獨占整個大象園區，正寬君經常隨著飼育園進入大象園區，或許沒聽過女霸王博子惡名昭彰的打架史，竟然一派優哉地在博子地盤大搖大擺地啄食地上小蟲，博子雖然面露嫌惡之色，但對這隻「初生之犢」似乎多了一點寬容。

另一隻奇雞「吉人」

正寬君的強運不但救了自己，也救了另外一隻雞，二〇一六年園內又多飼養的一隻公雞取名為「吉人」（ヨシト）。吉人的遭遇和正寬君差不多，也是以活餌身分入園，園方並沒有交代太多關於吉人如何存活下來的緣由，但很可能是為了替人氣正夯的正寬君找一隻合適的「代班雞」而留下牠的小命，吉人雖然沒有大哥那麼愛和人類湊熱鬧，但雄糾糾氣昂昂的模樣並不輸給牠的雞老大。

正寬君的故事在二〇一六年中被日本媒體大肆報導，媒體封牠是一隻「見到了會帶來幸福」的強運雞，事實上，牠真的也為天王寺動物園帶來好運。天王寺動物園在一九七〇年代曾經締造了一年入園人數三百三十五萬人的佳績，但到了二〇〇〇年之後人數逐漸減少，二〇一三年跌到一年一百一十三萬人谷底，二〇一五年是天王寺動物園開園百週年慶，正寬君在這年年中「入園」，雖然還沒變成話題，但這年動物園的入園人數回升到一百六十萬人，好運似乎已在不知不覺中發功了。

大阪府官方吉祥物也來取經

正寬君現在成為動物園的「招財雞」更是旺得不得了，以往每天上下午會在動物園內散步出沒兩次，二〇一七年年初因為禽流感盛行，為了慎重起見改為每天散步一次，稀有度大增，能見到牠的機會更少，但也因此吸引更多人入園試運氣。

人氣超夯的正寬君不但參加園內的多項活動，現在也成為許多重要官方活動爭相邀請的嘉賓，例如二〇一六年九月，牠被大阪府警邀請擔任「一日高速公路交通警察隊長」，為全國交通安全運動進行宣傳，府警希望藉由正寬君的加持，讓死亡車禍案件數歸零。

二〇一六年底，正寬君和吉人受邀前往大阪通天閣，擔任猴年與雞年的交接代表，牠和知名的歌舞伎演員中村芝翫同台，接受媒體團團包圍拍照採訪，照樣是老神在在。

二〇一七年一月正寬君受電影《奇蹟～那時的普通人～》（キセキ—

あの日のソビトー）之邀，成為「應援隊鳥」，和電影主角菅田將暉與松坂桃李在大阪首映場同台，聽說摸到正寬君可以獲得好運，菅田和松坂也在台上拚命對正寬君摸了又摸，竟然摸掉了正寬君的一根羽毛，菅田臨危不亂，連忙向正寬君請示能否把那根羽毛賜給他，沒想到正寬君竟然拍了拍翅膀，示意應允，讓現場來賓嘖嘖稱奇。

結果《奇蹟～那時的普通人～》上映後二天票房破二億三千多萬圓，僅次於同檔的迪士尼超英雄電影《奇異博士》（*Doctor Strange*），位居票房第二名，有部分或許要歸功於正寬君的強運。

有趣的是，大阪府的官方吉祥物「伯勞樣」（もずやん），還因為正寬君的名氣凌駕過牠，特地跑到天王寺動物園來取經，希望正寬君面授機宜。伯勞樣是以大阪府府鳥紅頭伯勞設計的吉祥物，誕生於一九九七年，算是大阪府最資深的吉祥物之一，牠目前雖然位居「宣傳副知事」的職位，但名氣就是差那麼一點，所以想沾沾正寬君的福氣轉運，如果雞年再不紅，聽說牠可能會被降職。

別小看街貓

「暴走貓」的億萬鍊金術

三十七年前，二十九歲的日本年輕人津田覺，靠著他收養的流浪貓，不但在二年內締造了上千億圓的經濟效益，而且周邊商品至今仍在熱賣中。那是在一九八〇至八二年之間發生的事，津田讓出生約二、三個月的嫩貓 cosplay 暴走族的不良少年，取名為「暴走貓」（なめ猫），以真貓主演搭配擬真布景所拍攝的寫真，一上市就萌翻了所有日本人。

「暴走貓」的日文全名為「全日本暴猫連合　なめんなよ」，宣傳口號為「なめんなよ」，簡稱「なめ猫」。「なめんなよ」的語源為「無礼（な

め）」，翻成中文「別瞧不起人」，直白一點「別狗眼看人低」。

一九八〇年代喵星人尚未攻占整個地球，不像現在這樣到處充斥著跟貓有關的書籍、廣告圖片和影像。當時利用現成的卡通角色設計生產周邊商品，被文玩具製造商視為王道，沒有人想過讓真貓穿上衣服，竟然會萌翻天。當時甚至還沒有現在用來形容可愛的「萌」（萌え）這個字眼。

換句話說，「萌」大概起源於一九九〇年代初期，現在常見的「御宅」（おたく）起源時間較早，但也是在一九八〇年代中期。

津田是一位天才兼鬼才，他在一家影像製作公司工作，二十六歲的時候企畫了一系列無敵搶手的超跑海報，據說光是這樣就讓他賺進了十八億圓。但他會讓真貓穿上衣服，說來卻是個偶然。

那是發生在一九七九年的事，津田住家附近有間洗衣店，附近有隻街貓在店門口生了一窩四隻小貓，店主打算將小貓送去動物收容所剛好被津田碰上，從小就很愛養小動物的他心生不忍，知道剛出生的小貓一旦進了收容所，沒有母貓餵奶也沒人照料一定很快夭折，於是將這四隻幼貓帶回家飼養。

四隻幼貓還沒開眼，大小跟老鼠差不多，他幫幼貓餵奶、清屁股、清耳朵，每天要忙上好幾十次，就連工作時也把幼貓帶在身邊。逐漸長大的小貓也把津田視為親貓，跟前跟後形影不離，津田上大號時，小貓甚至就圍在馬桶旁乖乖地等候。

那時津田交往的女朋友，正在幫玩偶縫製衣服，半開玩笑地將玩偶的裙子穿在小貓的身上，因為模樣實在太可愛了，津田拍下小貓變裝照拿到公司炫耀，獲得所有人的一致好評。

靠著超跑海報賺進大把鈔票的津田，馬上看到其中的商機。一九八〇年代前後是日本暴走族的全盛期，當時全國有七百多個飆車團體，飆仔總數多達三萬八千多人。津田搭上這個時事話題，讓小貓穿上飆仔衣服，搭配迷你道具機車，用飆仔行話「なめんなよ」當宣傳口號，然後拿著照片去跟玩具商和出版社推銷，結果卻換來了一句話：「讓貓穿衣服，有趣在哪裡？」

到處碰壁的津田只好自己出錢印海報和照片，在毫無宣傳的情況下，沒想到訂購電話蜂擁而至，其中二十多歲的OL占最多數。之後為了吸引年紀更小的消費群，津田製作了暴走貓駕照（なめ猫免許証），上面印有「到死都有效」（死ぬまで有効）、「被看扁了就無效」（なめられたら

無効）的kuso用語，一張日幣一百圓，二百二十萬張被秒殺搶空。

暴走貓相關商品在一九八一年不但締造銷售狂潮，甚至引發驚人的社會現象，據說當時街上的流浪貓在一夕之間消失無蹤，大家搶著收養街貓。總計在八〇到八二年兩年多的時間內，暴走貓周邊商品達五百多樣，寫真、海報、貼紙、文玩具、唱片、電視廣告等應有盡有，經濟效益高達上千億圓，其中光是暴走貓駕照單項就賣了一千二百萬張。

暴走貓駕照狂賣時期，警察取締違規駕駛時，甚至有駕駛出示暴走貓駕照，氣得警方向製造商提出抗議。

不過，暴走貓的爆紅也為津田帶來了很多的質疑，尤其是利用幼貓拍照被指涉有虐待動物之嫌，當時謠傳津田用石膏固定幼貓、注射藥劑，甚至將幼貓做成標本拍照。津田雖然海賺數十億圓，但受到流言攻擊身心俱疲，一九八二年他決定急流勇退，不再推出任何商品，暴走貓出道短短二年多，從市場上消失，熱潮立即冷卻。

一九九九年富士電視製作《二十世紀探檢隊》回顧二十世紀流行事物，追蹤暴走貓引退後的現況。暴走貓的男主角「又吉」，其實是一隻母貓，引退後生下的小貓也成為「又吉二代目」，初代又吉活了十六歲，而扮演又吉女友的「三毛子」，引退後被津田公司的同事收養，在一九九九年時已是二十歲高齡的「貓瑞」，三毛子最終活了二十四歲。

津田在數年後於暴走貓的官網上公開拍攝技巧，看似站立的小貓，其實是坐在地上被特製的服裝團團包住，小貓因為長得快，適合的拍攝時間為出生後五十至八十天，每次都只能搶在十分鐘內拍完，否則小貓失去耐心就會踩爛好不容易做好的道具，津田很委屈地說，這些小貓都是他從小拉拔長大的，怎麼捨得虐待。

暴走貓在八二年退潮後並未成為絕響，二〇〇五年津田在日本可口可樂的央求下，授權可口可樂印製暴走貓駕照作為該公司飲料贈品，活動一推出二天內可口可樂的飲料被掃購一空，開啟了暴走貓的第二波熱潮。

當時剛好是暴走貓出道二十五週年，津田決定讓暴走貓復出，二〇〇七年一口氣授權二百五十多種商品，這次還新增了手機、電玩、扭蛋，還有漫畫，其中賣得最好的還是暴走貓駕照，累計到二〇一五年共賣了一千九百多萬張，其中包括五千張純金暴走貓駕照，依舊是秒殺。

這次連以前曾經提出抗議的東京警視廳，都來跟津田取得授權，當作二〇〇六年暴走族取締行動的宣傳海報。最值得一提的是，所有復刻版的海報、駕照使用的暴走貓照片，統統是二十五年前的舊照片，津田當年設計的貓咪暴走服和造型，經過四分之一個世紀，仍然禁得起時間的考驗。

一九八一年十一月暴走貓以「又吉&なめんなよ」名義發行單曲唱片〈なめんなよ〉，創下二十萬張的銷售佳績，唱片裡的歌曲當然不是又吉自己唱，而是由搖滾樂團代唱，因為沒有正式CD化，所以成為收藏珍品。二〇一六年三月底唱片公為紀念唱片發行三十五週年，首次推出〈なめんなよ〉單曲CD，希望能帶動第三波的暴走貓熱潮。

事實上，已經成為五、六年級生懷舊商品的暴走貓，並沒有從人們的記憶中消失，而且以更符合時代潮流的形式在網路上悶燒，二〇一五年二月在LINE（日版）上架的暴走貓免費貼圖，首日下載量突破二百萬次，一個月累計五百五十萬次。

現年約六十六歲的暴走貓的創造者津田，也是一位很有哏的奇才，他在二十六歲企畫超跑海報狂賺了十八億圓，二十九歲因為暴走貓，至少淨賺了二、三十億圓，享有億萬財富的他，並沒有離開職場，八二年之後，他插手電視音樂節目的製作、活動企畫及角色開發。

最令人嘆為觀止的是，他在二〇〇三年左右竟然轉行開始經營葬儀社，有日本媒體說他具有獨特的商業嗅覺，聞到了日本高齡化社會的未來商機。津田把暴走貓賺來的錢拿來買下葬儀社的股權，並且成立一家類似葬儀仲介公司，以便於承辦警方及醫院的葬儀業務。這兩家津田百分之百持股的公司，二〇一三年被查到逃稅一點一億圓，暴走貓創造者之名再度成為媒體的焦點。

津田因逃稅在二〇一六年六月被判一年六個月有期徒刑，緩刑四年，併科罰金一千七百萬圓。有趣的是，東京地方法院法官駒田秀和在宣判後，當庭對津田訓斥「即使有了不起的才華，若不遵守法律，就不夠格當一名生意人」。駒田法官最後還一語雙關地說「別瞧不起法律」（ルールをなめてはいけません），這句話很明顯套用了暴走貓的招牌語「なめんなよ」，四十多歲的法官大人透露了他的世代情懷，讓人會心一笑。

僧侶養貓有礙禪定，卻能激發創意

日本電視台曾播出一集節目介紹世界遺產高野山，節目中提到這個真言宗佛教聖地有一項流傳上千年歷史的禁忌——禁止僧侶帶貓入山，結果在日本網路引起譁然。

高野山位於和歌山縣北部山區，周圍都是一千公尺級的山巒，大約在標高八百公尺左右的平坦山地上布滿了一百多間寺院，其中最大的寺院為金剛峯寺，這是高野山真言宗總本山寺院。

高野山成為真言宗密教的修行道場，始於西元八一六年，距今超過一千二百年歷史，開山始祖為平安時代高僧「空海」，諡號「弘法大師」，高野山也是大師入定之地，極為神聖。這裡在二〇〇四年以「紀伊山地的

在高野山不動靈場發現白貓一匹。　　攝影／楊怡瑩

聖地及朝聖路」被登錄為世界文化遺產。

高野山禁止僧侶帶貓入山，也禁止女性入山。僧侶修行之地嚴禁女色可以理解，但「貓咪止步」的這項戒規就有點令人費解。節目最後公布的答案是：

貓咪太可愛了有礙僧侶禪定。

換句話說，貓咪的可愛和女色具有同等的破壞力，會毀了和尚多年的修行。

高野山禁止可愛的貓咪入山以免妨礙僧侶修行，這個令人跌破眼鏡的古老禁忌，在節目播出後馬上引起網友熱烈討論，日本有個專門破解「都市傳說」的網站馬上向金剛峯寺查證是否屬實，寺方也很快給了回覆說，禁止僧侶帶貓入山這項禁令，其實並沒有文獻可考，只是自古以來流傳在僧侶之間的一項說法，至於「貓咪太可愛」的理由，帶有一點開玩笑的性質。

事實上，根據真言學僧日野西真定所著的《高野山の祕密》，書中提到高野山於一九〇六年頒布的淨規，其中除了禁止養貓，也禁止養雞。理由是空海入山後施了「結界」，整座山就是一個聖域，聖域裡不能飼養「畜

高野山金剛峯寺拉門上所繪的黑白獵犬。

生道」，這是日本山岳靈場皆有的禁忌，並非只有真言密教才有。

另外一位真言學僧水源堯榮在一九二六年出版的著作《高野之伝説：神祕の山》提到，高野山除了狗以外，禁止飼養包括貓、牛、豬、猿、雞、白鷺、鳶等動物，據說這七種動物有礙禪定，而且會引發火災等禍事。

有趣的是，高野山禁止養貓卻能養狗，據說空海當年尋找建立修行道場的地點時在山中迷路，途中遇到一位帶著兩隻黑白獵犬的獵人，後來在黑白雙犬的引導下空海才順利地來到高野山，狗被當成「山神使者」具有神性，檔次自然高於畜生道。類似這種「神使」，京都比叡山為「猿」、鳥取的大山為「狼」、奈良春日大社為「鹿」。

不管有沒有宗教神祕的禁忌，貓咪的「可愛」具有宇宙無敵的破壞力，是有目共睹的事實，相信有很多人都是這樣淪為貓奴而無法自拔，不過話說回來，僧侶養貓或許有礙修行，但卻有助於提升創造力。

位於山口縣萩市的禪寺「雲林寺」，是日本一間知名的「貓寺」，有別於福井縣以收留流浪貓聞名的「御誕生寺」，「雲林寺」規模較小而且寺裡只養了四隻貓，但這間禪寺不但在台灣「名聲顯赫」成為旅遊網站或旅遊達人必定介紹的貓奴聖地，甚至還吸引了不少貓奴從歐美澳等地千里迢迢遠道而來。

雲林寺超高的「貓奴指數」，關鍵不在寺裡養的真貓，而是寺內擺設數量超過六百隻的「假貓」，還有各種讓人一看就想敗的貓咪文創品，二〇一七年高雄舉辦春季旅展時，山口縣的攤位還特別找來了雲林寺助陣，「鎮寺之寶」木雕貓頭套出差來台，成為旅展會場的吸睛焦點之一。

雲林寺是臨濟宗南禪寺派系統下的寺院，可能是因為掛了「雲林」二字，所以讓台灣的旅客感到特別親切，這幾年有許多台灣貓迷慕名而去，雲林寺的住持角田慈成也知道台灣有個「雲林縣」，據說對於雲林去的「鄉親」總帶有一種特別的熟悉感。

總之，雲林寺會發展成一間著名的「貓寺」被貓奴列為必訪聖地，和這位現年四十六歲的住持角田慈成有很大關係。角田住持曾經是一位上班族，二十幾年前走上僧侶之路在廣島縣佛通寺當雲水（禪宗修行僧）時，遇到一隻被棄養的幼貓，角田認為這隻幼貓如果沒人照料很可能夭折，但和師父商量時卻被訓了一頓，師父說，修行僧的身分說穿了就是「寄人籬下」，寄人籬下者竟然還打算外掛「房客」。不過，師父訓歸訓，最後還是偷偷塞了牛奶和貓罐頭給他照顧這隻外掛的房客。

角田說，他原本是愛狗人士，但卻從此和貓結下了不解之緣。二十一年前的一九九六年，他成為山口縣雲林寺的住持，當時的雲林寺已經很久沒有住持，寺院建築年久失修，他上任後的第一件工作就是下雨天拿著水桶在寺內到處接雨水。

雲林寺所在的萩市，古時稱為「萩藩」也就是長州藩的別稱，創藩的藩祖為戰國名將毛利輝元，一六二五年毛利輝元過世時，他的家臣長井元房殉死，君臣均葬於毛利的家廟「天樹院」，長井養的愛貓在主人死後，守在天樹院的墳墓前七七四十九天後咬舌自盡。

貓會咬舌自盡？這種事聽起來有點不可思議，不過，這麼一段「忠貓」傳說在當地相當有名，萩市的在地吉祥物「萩喵」就是以長井忠貓為原型，或許也因此觸發了角田住持一些靈感，雲林寺是天樹院的末寺（旗下寺院），牽來牽去也算沾了點邊。

話說回來，雲林寺變成一座「貓寺」，起初似乎並沒有那麼刻意，畢竟成為貓寺的必要條件就是先要有貓，不管是真貓或假貓，或許是冥冥之中的某種因緣，角田住持的祖母很喜歡收藏貓咪擺飾，多年前角田有位女性友人因為車禍過世，這位友人嗜好收集招財貓飾品，角田接收了祖母和

友人的收藏品擺在寺內，寺內的貓收藏品也從此不可思議地愈變愈多。另外，角田認識的一位在地鏈鋸木雕藝術家林隆雄，他也為雲林寺創作無數的貓木雕，包括寺院門口取代狛犬的招財貓，放置在本殿門口的貓佛，還有提供給香客變身用的木雕貓頭套等，這些貓咪飾品林林總總加起來多達六百多件，讓雲林寺成為名副其實的貓寺。

高野山禁止僧侶養貓怕毀了修行，雲林寺有「忠貓」傳說的加持，反而激發了角田住持的創作力，角田住持不但以天樹院的忠貓傳說為題材，發行了漫畫《招福堂緣起繪卷》，還自己設計貓御守、貓咪御朱印、貓咪繪馬，甚至花了五年的時間以貓咪插畫自製了《貓寺繪心經》，這些角田住持開發的佛教貓文創品總是讓貓奴香客們驚呼連連愛不釋手。

V 學生優惠區

校長銅像被惡搞三十年，京都大學沒在唉的

京都大學每年二月舉行入學考試時，位於正門口吉田南校區一角的銅像「折田先生像」，必定會成為話題焦點。

嚴格來說，那是一座假的銅像，基座雖然標明為「折田先生像」，但基座上卻被放上各種惡搞的角色造型，而且每年的角色都不一樣。例如二○一七年放上去的是搞笑藝人「小梅太夫」，張開大嘴喊著他的口頭禪「可惡」（チクショー！），基座的「折田先生像」也改成了「川田先生像」，二○一六年為任天堂經典系列電玩「星之卡比」的主角卡比，前年放的是森永巧克力球的吉祥物大嘴鳥キョロちゃん。

假銅像旁會放置一塊告示板，說明該年登場的角色和折田先生有何關

聯，下方有放置者的落款，告示板後方還會貼上女星或動漫女主角的照片，稱為「地下偶像」（裏アイドル）。因為落款是假名，說明的理由也拗得很牽強，反而達到了某種趣味性，明明是惡搞卻謔而不虐。

京大這種惡搞銅像的行為，可以追溯到一九八〇年代後期，至今已有三十多年歷史，現在已經變成了京大的傳統，意外地成為京大「自由學風」的註腳之一。如果拿蔣介石銅像近幾年的遭遇和京大的折田先生銅像惡搞史相比，簡直是小巫見大巫。

京大「折田先生像」的銅像本尊，設立於一九四〇年，主要是為了紀念京大前身之一「舊制第三高等學校」的首任校長折田彥市，這座銅像可以說是京大的「祖宗牌位」。

折田彥市出生於一八四九年的薩摩，一八七〇年以官費留學生的身分赴美，畢業於普林斯頓大學，返國後成為教育家及文部省官僚，不但創立了舊制三高擔任三十年校長，也是京都帝國大學的創校委員之一。

折田在三高擔任校長時，稱呼學生時會在姓氏後面加一個「桑」（さん）字以示尊重，他常把學生請到校長室聊天，了解他們對將來的抱負。折田採取「守護而非放任」的教育態度，為京大的「自由學風」奠立了良好基礎。

無庸置疑，折田是一位偉大的教育家，三高校友在他過世二十年後為他鑄造半身的「折田先生像」，大家都覺得這是紀念他的最佳方式。

但這座京大的「祖宗牌位」，卻從一九八〇年代後期開始遭到嚴重的挑戰，潑漆、變裝、塗鴉，所有能想像得到的惡搞花樣應有盡有，校方沒有類似教官的角色出面制止學生，在道德勸說無效之下，終於一九九七年主動撤掉銅像，讓折田先生不要再受學生們的折騰，銅像被收進地下倉庫一直到二〇一〇年才重新放置於三高紀念館內再見天日。

話說回來，折田是位教育家，並沒有指揮大軍血洗過哪個城市，他的銅像也不是在生前為了加強某種個人崇拜，或是在死後為了維繫某種「主體思想」而設立，但他還是成為京大學生挑戰威權的標的物之一。

簡略地回顧一下，京大的「折田先生像」惡搞史。

一九八六～一九九七本尊時期

「折田先生像」本尊遭到惡搞，最早的時間已不可考，大概是在一九八

○年代中期，當時只是單純的被塗鴉，有資料記載的是從一九八六年開始，折田銅像被潑上紅色油漆，基座落款為「怒る人」（怒漢），紅色的折田像擺放了好多年，直到一九九一年又有人將紅漆變成藍漆，基座落款為「怒らないで」（別怒了）。

折田先生由紅變藍，校方也開始介入迅速進行銅像的清理復原，但卻意外了開啟了後來一連串變本加厲的惡搞行為。

綜合這個時期，折田先生銅像被變造了數十次。經典造型包括臉部歌舞伎彩繪、戴上紅色三角錐做成的尖帽子、戴上女性內褲面具的變態假面、改裝成復活島的摩埃石像、加裝手臂、揹著單車、穿上女僕裝、變裝成水手服的美少女戰士、作家司馬遼太郎、摔角選手豬木、超人力霸王、日清炒麵王子，還有穿著婚紗的新娘等，大都配合著當年的流行話題或熱門時事登場。

一九九四年校方再度清除塗鴉，並在銅像旁豎立了一塊告示牌，向學生道德勸說「請不要玷汙這座銅像」，但馬上遭到學生反嗆「請不要玷汙銅像旁的塗鴉文字」。

經過十多年，折田銅像的惡搞戲碼逐步升級，變成校園特色文化，雖

折田先生像

然校方沒有採取制止手段，但還是不忍銅像遭到摧殘，在一九九七年三月撤走銅像和基座，折田銅像被收進綜合人類學部圖書館的地下書庫。

直到十三年後的二〇一〇年十月，才又將銅像搬出來放在京大吉田校區本部校園南側的三高紀念館設置籌備室公開陳列展示。

二〇〇〇～二〇一七山寨版時期

折田銅像本尊撤走之後，校園平靜了一陣子，不過從二〇〇〇年起又開始上演惡搞戲碼第二部曲。

發難者是二〇〇〇年登場的漫畫《北斗神拳》裡的拳王拉歐（ラオウ），一座白色的石膏像，就放置銅像的原址，而且基座上還貼了「折田先生像」的名牌，旁邊的告示牌上寫著折田先生建立京大生的反骨精神功不可沒。

後來原址（教養學部A號館前）因為成為大樓改建用地，山寨版的折田先生像轉移陣地到人間學部圖書館前，從此之後幾乎年年登場，有時一年還會出現兩次，從二〇〇四年起變成固定在每年二月入學考期間更換新版本，京大生私下稱為「折田祭」，校園內不只有山寨版銅像，還有真人扮演的各種偽折田先生，校園內掛滿各種加油海報。

從二〇〇〇年後登場的山寨銅像名單：

二〇〇〇年：漫畫《北斗神拳》裡的拳王拉歐

二〇〇二年：宮崎駿動畫《風之谷》的女主角娜烏西卡與王蟲

二〇〇三年：手持M16步槍的漫畫主角骷髏13

二〇〇四年：NHK人偶動畫《葫蘆島》的珊蒂老師

二〇〇五年：酸超人

二〇〇六年：折田大佛、動畫《櫻桃小丸子》裡的永澤君

二〇〇七年：不二家商標人物牛奶妹的男友牛奶仔 POKO

二〇〇八年：動畫《麵包超人》的角色天婦羅飯超人

二〇〇九年：假面騎士V3的騎士人

二〇一〇年：動畫《神奇寶貝》的人物小剛

二〇一一年：感冒藥康泰克的商標吉祥物 Mr. CONTAC、推特用虛擬按鍵企鵝造型 nisehorn

二〇一二年：數位電視代言吉祥物數位鹿

二〇一三年：LOTTE 巧克力吉祥物 Nobotobo

二〇一四年：森永巧克力球的吉祥物大嘴鳥キョロちゃん

二〇一五年：動畫《海螺小姐》的角色中島君

二〇一六年：任天堂經典系列電玩星之卡比的主角卡比

二〇一七年：搞笑藝人小梅太夫，「折田」先生被改成「川田」先生

京大校方對於學生的惡搞，長期以來抱著寬容的態度，二〇〇八年「京大高等教育研究開發機構」甚至在官網上發表聲明給予學生正面的評價，將山寨銅像視為校園風光之一，不但默許這樣的行為，還會幫忙譴責任意破壞的好事者。

至於折田校長的後代子孫更是不以為忤。折田的曾孫、現年七十三歲的律師折田泰宏，接受媒體訪問時曾表示，家族全部都知道祖宗銅像被潑漆塗鴉的事，但沒人生氣，他還很樂見這種文化能一直持續下去，希望大家能理解諷刺與幽默的重要性。因為挑戰威權正是折田校長建立京大自由學風的精神之所在。

話說回來，折田校長因為銅像長年遭到學生惡搞，所以也讓他在辭世將近百年的現在還是京大生的共同記憶，網路上甚至有人成立「折田先生

を讃える会」網站記錄銅像惡搞史，但另一方面也詳細介紹折田校長的生平。從「紀念」的效果來看，要比放一尊冷冰冰的銅像在校園裡被遺忘來得好太多了。

銅像被視為威權的象徵遭到挑戰，各國都有類似的例子，這似乎是銅像共通的宿命。不過，挑戰銅像的最後還是會回歸到銅像本人的歷史評價與定位，一個偉大的教育家，即使他的銅像遭到長年的惡搞，並無損於他的偉大，相對的，一個殺人無數的軍頭，即使他的銅像被保護得再好，依然沒辦法改變他的歷史臭名。

畢業沒頭路才是贏家的東京藝大

近幾年報考設計相關系所的學生暴增，網路出現很有勸世文，希望有志從事設計工作的年輕學子三思，以免在畢業後陷入一職難求的恐慌或淪為低薪賣肝族。

「藝術不能當飯吃」是一種物理性的現實，但迷上藝術的人通常會覺得有些事比吃飯還重要。換句話說，畢業以後如何維持創作的熱情源源不絕，永遠比如何維生來得重要。

東京藝術大學是日本最高的藝術學府，比東京大學還難考。以東大最難考的「理科三類」為例，報考倍數四點八，也就是一百個錄取名額有五百人報考，藝大繪畫科報考倍數則為一七點九，八十個名額有將近一千五百人報考。

東京藝大畢業生 半數下落不明

大家或許會以為從「藝術界的東大」畢業，應該都有不錯的出路，但事實不然，二〇一五年四百八十六名畢業生中，順利找到工作成為上班族或公務員的人數僅約一成四十八人，部分人選擇繼續深造，令人吃驚的是，有二百二十五名畢業生「下落不明」。

妙的是，在這所日本最高的藝術學府，畢業後順利找到固定工作的人被歸類為「敗組」，真正的勝組是那一半「下落不明」的人，他們可能成為飛特族、靠打工維生，或成為居無定所的旅人，但仍持續在創作。完全顛覆了人生勝利組「一流大學畢業、一流公司上班、順利做到退休」的傳統定義，所以連藝大美術科的教授都坦承自己屬於「敗組」。

東京藝大位於大家熟悉的上野，這裡除了上野動物園，還有國立西洋美術館及國立科學博物館等，從江戶時代就是日本藝術文化的發聲地。

《最後的祕境　東京藝大》，新潮社，二〇一六。

話題暢銷書《最後的祕境　東京藝大》

日本作家二宮敦人於二〇一六年九月出版了一本以藝大為主題的著作，書名為《最後的祕境　東京藝大》（最後の秘境 東京芸大），副標是「天才們混沌的日常」，白話一點就是「天才們令人費解又失控的每一天」。這本書是二〇一六年下半年的話題作，銷量已破十萬本。

二宮算一位新生代的推理兼恐怖小說作家，畢業於一橋大學經濟系，以創作手機小說成名，二〇〇九年出版第一部小說《！》作家出道，《最後的祕境　東京藝大》是他的第一本非小說。

二宮對藝大感到興趣並深入校區採訪寫成一本書，導火線是他的妻子，因為他的「奧樣」就是一位現役的「藝大生」，就讀東京藝大雕刻科。

二宮說，他在某個冬天的半夜醒來，聽到書房傳來像颱颱風的轟隆聲，發現太太只穿著內衣褲，臉上貼滿了書法用的和紙，正在用吹風機烘乾，活像木乃伊。

原來太太學校作業，需要製作一尊等身大的全身像，太太懶得用黏土塑胚，乾脆拿自己來「活人取模」，但若以石膏取模必定會出人命，靈光一閃之下試著用和紙加漿糊貼在身上，和紙吹乾後同樣能取下完整的人體模型。

藝術與犯罪的一線之隔

在藝大裡，天才和怪胎只有一線之隔，藝術與犯罪也是一線之隔，例如校園裡的話題人物「胸罩女超人」（ブラジャー・ウーマン），頭上戴著以胸罩做成的假面，上半身赤裸，僅在胸部重點部位貼著紅心，下半身穿著黑色網褲，外面再套一件粉紅色內褲。

「胸罩女超人」實際上是繪畫科油繪專攻的立花清美，這個怪異的造型來自於立花在高中時期創作的美式漫畫主角，她會定期以這身打扮在校園裡現身，遊走於漫畫的二次元與真實的三次元之間。

立花將創作當作是一種面對自我的途徑，她並不在乎別人的異樣眼光，再說藝大學生似乎也不覺得這有什麼奇怪，甚至有教授在新生入學典禮時看到立花打扮的「胸罩女超人」，還感嘆地說「今年的新生都太乖了」。

東京藝大分成美術專攻的「美大」和音樂專攻的「音大」兩個校區，

二宮透過在校生或畢業生個人訪談，以十四章節介紹全校所有科系以及這些人異於常人的經歷，例如專攻日本畫的前牛郎店經營者、推動將口哨納入交響樂團的音大生、以把妹增加唱功的聲樂科學生等。二宮也比對了美大與音大截然不同的氛圍，並介紹藝大年度盛事「藝祭」。

美術教授可以因為下雨天不想出門而臨時停課，學生全員遲到是家常便飯；音樂教授嚴守時間，學生必須在上課前半小時到教室。美術學生個個打扮怪異誇張、爭奇鬥妍，教授不修邊幅常被誤認為是修路工人或街友；音樂學生打扮乾淨清爽，每人擁有一、二十套大禮服是基本配備。美術教授活在與現實脫節的藝術世界裡，根本沒有能力協助學生就職，老師的名言是「藝術無法用教的」；音樂教授多少保留了傳統師徒制觀念，尤其是邦樂科（國樂科），老師進教室，有學生開門、提行李、泡茶，老師登台表演，有學生隨行打點提行李。

即使是天才，從藝大畢業能夠成為頂尖藝術家或音樂家，也僅是一小撮人，從某種角度來看，藝大和「廢柴製造廠」沒什麼兩樣，但二宮訪問了許多在校生和畢業生，他們喜歡藝大的理由就是「自己可以很自由」和「周遭的人也能很自由」，這裡提供了一種不用在意所謂的「正常」為何物的生存形態，而且讓人更能接近生命的本質，所以二宮將藝大稱為「最後的祕境」。

日本人氣第一的「變態」大學

校本部位於大阪府東大阪市的近畿大學，二〇一七年度報考及推甄人數高達十九萬二千多人，不但締造該校創校以來的新高紀錄，而且連續四年打敗東京的名校，穩居全國報考人數最多的私校龍頭。

近畿大學簡稱近大，前身為日本大學的大阪專門學校，一九三九年獨立，一九四九年配合新學制施行與大阪理工科大學合併成為現在的近畿大學。

近大是一所相對來說比較年輕的學府，而且不能算是A咖大學，甚至被歸類為關西地區的地方大學，該校出身的名人，最常被列舉出來的也只有射亂Q的淳君，還有拳擊選手出身的演員赤井英和等人而已。

但是這所大學卻能吸引學子的青睞，十年來報考人數成長逾二倍，尤其在這種少子化時代，近大的高人氣簡直像神話一般。

近大不可思議的高人氣，可以簡單地用兩個字來形容，那就是「變態」。這裡所指的變態，並不是那種在頭上載著女生內褲就能激發出超人般潛能的變態，而是一種能順應時勢求新求變的態度。

會這麼說是有典故的。

近畿大學的「近畿」二字，日文發音為「kinki」，他們從一九四九年創校以來英文校名一直叫做「Kinki University」，就像傑尼斯的人氣雙人組「近畿小子」英文名也叫做「KinKi Kids」一樣，沒有人覺得不妥。

直到二〇一四年近大籌設國際學系之後，才赫然驚覺「Kinki」的發音和英文的變態「kinky」雷同，為了避免學生出國被笑，二〇一六年正式將英文校名改為「Kindai University」。

選擇用「Kindai」（近大）也是有典故的。

因為近大在二〇〇二年「完全養殖」鮪魚成功，而名滿天下。「完全養殖」有別於一般的養殖，不是從魚苗開始飼養，而是從魚卵人工孵化開始，難度非常高，近大是世界成功的首例，現在近大養殖的鮪魚掛上「近大マグロ」（近大鮪魚）的品牌在通路上販售。因為實在太有名了，所以有人戲稱近大是「鮪魚大學」。

大阪自古就是有名的「商人之都」，商人的特質在於眼明手快，不會墨守成規，懂得隨機應變又很務實。近大強調實作勝於理論「活學活用」的教育理念，也頗為符合這種商人的特質。

一所創校不久的地方私立大學，想憑著學校招牌和國立的東大、京大，或私立的慶應、早稻田這種A咖名校搶學生，根本是自不量力。既然品牌比不過人家，那就另闢蹊徑用內容取勝。近大的畢業證書或許不能為畢業生加分，但在近大學到的東西，卻能讓畢業生在社會上立足生存。

據統計近大畢業生有超過六千人為公司社長，全國排名第七，在西日本則高居第一。

大概就是基於這樣的理念，近大這幾年愈來愈「變態」，除了農學系水產研究所完全養殖鮪魚、以養殖鯰魚取代鰻魚等各種創新的嘗試之外，理工學系在二〇〇〇年前後投入研究新能源，成功以茶葉渣、咖啡渣、蔬果和木屑等廢棄物壓縮製成人造煤炭（Bio-Coke），不但取得專利並且已和企業合作生產，預估市場規模可達六千億圓以上。

近大有十四個學系，在大阪、奈良、和歌山、廣島和福岡共有六個校區，學生數超過三萬人全國排名第四，是一間規模龐大的私校。日本稱這種大學為「マンモス大學」，マンモス就是猛瑪象（Mammoth），很巨大的意思，通常指大班大教室，老師還得用麥克風上課。

猛瑪象大學一不小心就會變成「什麼都有，但什麼都很奇怪」的學店。但不曉得是太有自信了，還是純屬巧合，近大生物理工學系竟然在二〇〇九年推出「猛瑪象復活計畫」。這項計畫和岐阜縣及俄羅斯共同進行，利用細胞核移植的複製技術，打算復活一萬年前絕種的冰原猛瑪象。

這種帶點白目又自嘲的特質，也符合大阪人給人「愛說笑」的印象。而這種搞笑底力的大爆發，則是始於二〇一一年。

近大從二〇一一年起每年年初都會在各大媒體刊登巨幅形象廣告，算是年初的一種「決心宣示」。

二〇一一年的新年海報，文案為「世界がそうくるなら、近大は完全養殖で行く。」（世界潮流既然如此，近大就朝著完全養殖前進），海報中的機場全被鮪魚占滿。

意思是鮪魚禁捕既然快成為世界潮流，那麼近大就只有朝著完全養殖

近畿大學歷年海報

的方向發展，很霸氣的宣言，畢竟是全球第一個成功完全養殖鮪魚的大學，有本錢這麼驕傲。

近大海報玩鮪魚的哏還不只有這一張。

二〇一三年推出的「先頭を突き進む。近畿大学」（朝著最前方挺進，近畿大學），一隻鮪魚在水池裡奮勇前進的畫面。二〇一四年的「固定概念を、ぶっ壊す」（徹底粉碎刻板印象），海報裡的富士山頂噴出一顆巨大的鮪魚頭，這兩張海報頗有向關西四大知名私校「關關同立」（關西大學、關西學院大學、同志社大學及立命館大學）叫陣的意味，展現近大要成為關西第一私校的野心。

二〇一五年近大新年海報繼續玩鮪魚的哏，不過這次有點不一樣，海報文案「マグロ大学って言うてるヤツ、誰や？」（說我們是鮪魚大學的，是哪位啊？）配上鮪魚斜眼盯人的圖片，有點恐怖又有點好笑。

二〇一六年的海報總算不是鮪魚了，但換來的卻是一隻鯰魚，文案「近大発のパチもんでんねん。」（近大出品的山寨貨）。近幾年因為鰻苗減少，日本的鰻魚貴死人，近大投入鯰魚養殖代替鰻魚，很多人認為鯰魚畢竟是山寨貨，但近大卻很有自信地嗆聲要讓鯰魚吃起來比鰻魚還美味。

二〇一七年的新年海報再度有鮪魚登場，不過這次配了一篇長長的文案，標題為「早慶近」，文案中提到大家喜歡把一堆名校串起來說，例如「早慶上理」（早稻田、慶應、上智、東京理科）、「關關同立」，這種串法或許唸起來比較順口，但卻有點昧於事實。

因為如果照英國《泰晤士高等教育》（*Times Higher Education*）公布的世界大學排名榜前八百名來看，日本私立大學中只有早稻田、慶應及近大入榜，所以該串起來的校名應該是「早慶近」，這篇文案叫戰味十足。

二〇一三年的海報近大只敢向關西四校「關關同立」宣戰，才短短的四年就已經升級向關東名校宣戰。不過，一切純屬搞笑，近大還是不改大阪人愛說笑的本色，海報文案的最後還是忍不住自己吐槽說「早慶近」這種往自己臉上貼金的說法，連自己人都會覺得好笑。

近大從二〇一一年以來的新年海報，幾乎年年在各家刊登的報紙獲得當年廣告大賞，但真正稱為變態巔峰之作的，是二〇一六年四月新成立的「國際學系」海報。

操刀設計的是日本廣告大手「電通」的年輕團隊，據說近大全權交給電通的年輕創意人盡情發揮，承諾在海報完成前絕不過問，海報完成後也不得有任何抱怨或修改的要求。

結果出爐的海報，簡直是驚呆了所有老師、家長和學生。

五張主要海報請來了國際學系的系主任及四位老師入鏡，四男一女各自露出超級詭異的笑容或猙獰的表情，有人說氣氛類似昭和時代的黑道電影海報，海報上的紅色字體不但很顯目，而且內容更嚇人，網友簡評「抖S過火」。

這系列海報的副文案是「ドSすぎるカリキュラムで、グローバルリーダー育成」（以抖S過頭的課程，培訓全球領袖人才）。

五張海報的內容：

系主任 Virgil Craig：「授業で発言しない学生は欠席です。本当に。」（上課不發言，視同曠課。當真的。）

副教授 Todd Squires：「学費が高いと言われるが、将来を考えると爆安だ。」（雖然有人嫌學費太貴，但考慮到未來出路，根本是破盤價。）

講師 Carlos Ramirez：「十五人以下のクラスで、居眠りができますか？」（十五人以下的班級，你還能上課打瞌睡嗎？）

講師本田里沙：「華やかな学生生活を送りたい人は別の学部へ。」

（想要過著光鮮亮麗的學生生活，請選別系。）

副教授 Todd Thorpe：「一年次から、全員海外追放。」（一年級起就把全員丟去國外。）

抖S過頭的課程並非只是海報上的噱頭，當然是玩真的。國際學系一年級上學期（四—九月）每週十三點五小時英文課，九月到隔年六月出國留學，回國後參加托福考試。該系另外還有設中國語及韓國語課程，也是比照相同的流程，在一年級下學期到台灣、中國或韓國留學一年。

其實近大從二〇〇六年底起在東大阪校本部設有「英語村E3」（e-cube），以輕鬆的方式鼓勵學生、教師在裡頭以英語交流，大學休假期間也開放給附屬學校、幼稚園及一般民眾利用。

這次新成立的國際學系，最猛的是請來的系主任 Virgil Craig，竟然是日本知名英語會話連鎖補習班「berlitz Japan」關西地區統括教務主任，看來似乎想將補教名師的概念帶進大學，完全符合近大強調實作勝於理論的教學理念，完全不搞學院派的那一套。

大學棒球的百年戰爭

早慶戰

由東京六所大學硬式棒球部組成的「東京六大學野球聯盟」，在每年春秋兩季舉辦聯賽，其中早稻田與慶應兩所大學對戰的「早慶戰」，依照傳統每次都被安排在最後一週舉行，近年來社會對大學棒球的熱度不若以往，兩校學生為了炒熱氣氛在二〇一五年推出了互嗆海報，由於內容辛辣創意非凡引爆了網路話題，也再度提高了世人對「早慶戰」的關注。

學生時代迷過棒球的四、五年級生，大概都聽過「早慶戰」或是「慶早戰」，這是日本名門私校早稻田大學和慶應義塾大學之間，從明治時代以來超過百年以上的一場棒球戰爭。比起我們熟悉的華興vs.美和或輔大vs.文化的棒球對戰，「早慶戰」更具歷史代表性，甚至可以獨立成為日本棒球史的另一章。

早大和慶大這場延續百年以上棒球戰爭，故事的開端必須回溯到一百一十四年前的一九〇三年。

日本棒球在一八七一年由美籍教師 Horace Wilson 引進後，到了一九〇三年，幾乎已普及到日本的校園，早大和慶大都設有棒球社，只不過當時的慶大棒球隊已有二十年歷史，而早大的棒球隊才剛成立一年。初生之犢的早大在一九〇三年這年向慶大下了戰帖，雖然這場球賽慶大最後以十一比九贏球，但早大也因此一戰成名。

一九〇四年早慶兩校接連打敗了當時被譽為學生棒球王者的「一高野球部」（一高為東大前身之一），「早慶戰」頓時成為當時運動賽事的焦點。兩校在球場上打得火熱，雙方應援團（啦啦隊）更是火爆。

一九〇六年的早慶戰開打後，慶大奪下首勝，慶大學生跑去早大創辦人大隈重信的家和早大校門口高喊萬歲，第二戰早大贏球，換成早大學生跑到慶大創辦人福澤諭吉家和慶大校門口高喊萬歲，兩校學生對槓隨時都可能爆發激烈衝突，嚇得校方緊急停止第三戰。

後來慶大學生大會決議禁止和早大進行任何項目的運動比賽，而早大也送來絕交信，兩校結下梁子互不往來。

時間過了八年後的一九一四年早大、慶大和明治大學組成三校棒球聯盟，之後又加入了法政和立教兩校，五所大學開打，但賽程規則中卻有一條「早慶不對戰」的怪異禁令，直到東大加入，一九二五年「東京六大學野球聯盟」成立，這條禁令才在明治大學棒球社創社社長內海弘藏的奔走下取消。

早慶戰停戰十九年後重新於一九二五年開打，透過電台廣播再度成為全國球迷注目的焦點。被稱為學生野球聖地的神宮球場，每到開賽前必定有人徹夜排隊等著購票入場。

不過，一九四一年太平洋戰爭美國對日宣戰後，棒球被視為敵國運動遭到政府打壓，一九四三年東京六大學野球聯盟被迫解散，大學生不但無法打球，還被徵召入伍打戰。慶大校長小泉信三為了幫出征的學生們餞別，向文部省爭取舉辦早慶戰。

校方和學生們抱著「也許這是最後一次」的心情，無懼軍方和文部省的打壓和干擾，最後在早稻田的戶塚球場，舉行這場史上有名的「最後的早慶戰」。比賽結果，早大以十比一擊敗慶大，但諷刺的是，登場早大球員

早慶戰的比賽場地，明治神宮球場。　　圖片提供／達志影像

卻有五人在戰爭中喪生。這場歷史賽事，後來被寫成小說，並從一九七九年以來多次被拍成電影，最近的一部是於二〇〇八年由神山征二郎導演的《Last Game 最後的早慶戰》（ラストゲーム 最後の早慶戦）。

懷抱著戰爭總有結束的一天、球賽必能重啟的信念，早大棒球部師生死命地保管所有球具，所以在一九四五年十一月戰爭結束後不到三個月，早慶戰率先於神宮球場復賽，東京六大學野球聯盟則是在隔年的一九四六年才復活。

由於早慶戰為東京六大學野球聯賽的開端，再加上早慶戰擁有絕對的票房優勢，所以東京六大學野球春秋兩季聯賽中，早慶戰依傳統被安排在最後一週舉行，成為傳統壓軸戲碼。

東京六大學野球聯賽採取很特別二戰先勝及勝點制的賽制，基本上六校對戰採循環賽制，但兩校交手，只要一方先取得二勝，就能拿下一點，由於早慶兩所棒球強校在最後一週才交手，所以只要對戰結果攸關兩校是否奪冠，這一年的早慶戰必定未演先轟動。

二〇一五年的春季聯賽也是如此，因為早大以八勝一敗一和的成績，拿到四點積分，慶大則以六勝三敗拿到三點積分，最後兩場比賽早大只要再拿下一勝，就能抱走冠軍盃，如果兩場皆輸，則將和慶大相同的勝點和勝率加賽一場優勝決定戰。決定戰沒有局數限制，雙方打到輸贏為止，最著名的就是一九六〇年十一月的「早慶六連戰」，包括正規賽和優勝決定戰，兩校連續鏖戰了一週，中間只休息一天。

早慶戰從球場戰到校園，除了棒球外，兩校的划船、橄欖球、足球及籃球也處於「世仇」的狀態，兩校偏差值都七十左右，學術領域也互相較勁，但最精采的還是棒球場上球迷、啦啦隊、應援團和鼓號樂隊的火拼，冠軍隊伍的球迷和學生，賽後從神宮球場提著紅白燈籠，招搖走回學校的「提燈遊行」，也是早慶戰的傳統戲碼。

早慶球迷火拼最有名的就是一九三三年的「蘋果事件」，早大球迷向慶大三壘手水原茂丟擲蘋果，水原也不甘示弱回擲。自此之後，東京六大學野球聯賽規定早大球迷必須坐在一壘看台，慶大球迷則為三壘看台。

這幾年棒球熱度下降，以往早慶戰動輒吸引三、四萬人入場的光景不再，早慶戰少了硝煙味，吹起了懷舊風，二〇〇三年舉辦早慶戰百週年OB戰，二〇一三年一一〇週年也有相關紀念活動，兩校著名的OB包括早大的和田毅、青木宣親和手帕王子齋藤佑樹，以及慶大的高橋由伸等，職棒界巨星均來共襄盛舉。

東京六大學野球聯盟成立九十二年，從一九二五至二〇一七年春季聯賽為止，六校奪冠次數：法政四十四次、早稻田四十五次、明治三十九次、慶應三十四次、立教十三次、東大〇次。一九二五至二〇一六年六大聯賽中早慶戰對戰四一八場，早稻田二五五勝、慶應一八三勝、十場和局。

甲子園經典

「箕島 VS.星稜」的人生延長賽

看小朋友打球是一種享受，即使水準不如成人球賽，也少有美技演出，但是全力求勝的心情卻無比真誠，一點也不輸大人。經常在學生棒球賽結束時看到小球員一把鼻涕一把眼淚的畫面，既可愛又讓人揪心，雖然大人以為「只不過是輸了一場球」，但對小球員來說卻有如「天塌下來」那麼嚴重，尤其自己如果正是輸掉一場重要比賽的「頭號戰犯」，那很可能成為「魔咒」影響自己一輩子。

日本高校野球全國大賽也就是通稱的「甲子園大賽」始於一九一五年，

至今已有超過百年歷史，百年來有一場被譽為日本高校野球史上最精采的奇蹟之戰「箕島對星稜」，這場球賽被奉為「上天創造的球賽」，除了比賽過程高潮迭起之外，輸贏兩方球員都有人像中了「魔咒」一樣無法自拔，各自展開他們的人生延長賽，而且要過了好久才能看到真正的輸贏。

事情發生在一九七九年八月十六日，代表和歌山縣的和歌山縣立箕島高校，和代表石川縣的星稜高校，在夏季甲子園大賽的決賽中鏖戰十八局，雙方纏鬥了三小時五十分鐘才分出勝負。

這年的箕島實力超強，已在春季大賽中奪下冠軍，只要能在夏季大賽中連霸，就能成為首支制霸春夏大賽的公立學校球隊。另一方面，傳統棒球強校星稜也不甘示弱，推出最強的王牌投手和打者，力阻箕島完成霸業。

一場高中球賽，能夠以平手的狀態戰到第十八局就已經夠嗆了，但光是這樣並無法造就一場球賽成為經典。箕島對星稜的十八局大戰，雙方三度打成平手而且都是在同一局的上下半局發生，三次都是星稜在上半局先超前，箕島在下半局追平。直到延長的第十八局下半，箕島打出突破僵局的一分才贏得最後勝利。

最精采的部分發生在第十二局和第十六局。

十二局上半，星稜攻下一分，雙方比數變成二比一，星稜第二度領先。十二局下半，箕島的八、九棒被輕鬆擺倒，二人出局後換到一棒捕手嶋田宗彥上場，箕島教練尾藤公只是輕輕地在嶋田耳邊說「揮支全壘打吧」，結果嶋田像被施了咒語一般，上場大棒一揮果真打出一記陽春砲追平比數。

雙方二比二繼續纏鬥到第十六局，星稜再度率先拿下超前分，比數三比二。箕島上場反攻，但前兩名打者依舊被輕鬆解決，換到六棒的森川康弘上場，這次教練沒有對他施咒語，森川揮出一記一壘方向的高飛界外球，眼看大勢已去，沒想到星稜一壘手加藤直樹衝到場邊正要接殺時，卻被人工草皮絆倒漏接，而死裡逃生的森川竟在下一擊揮出了追平的陽春砲。

甲子園在這一年剛啟用人工草皮，而它竟戲劇性地扮演了這場比賽的勝負關鍵。

雙方以三比三打到了第十八局下，獨撐全場的星稜王牌投手堅田外司昭，這時已經投了將近二百球，他先以四壞球保送第一名打者後勉強解決了第二名打者，但接著又四壞球保送一人上壘，接下來因為手滑失投，讓箕島打者揮出再見安打苦吞敗仗。

《上天創造的球賽》，ベースボールマガジン社，二〇〇六。

這是一場可歌可泣的熱戰，隔天的媒體大幅報導，作詞家阿久悠發表詩作稱讚這是一場「最精采的比賽」，詩中寫道「發生一次的叫做奇蹟，連續發生第二次的已無法稱為奇蹟」。二〇〇六年星稜高校出身的體育作家松下茂典出版《上天創造的球賽》，細數整場球賽過程。

「上天創造的球賽」精采的不只是球賽的過程，還有在那之後的人生延長賽。

二〇一五年日本NHK電視為慶祝甲子園百週年重播紀錄片《にんげんドキュメント「球児たちの延長戦　二五年目の星稜対箕島」》。這部紀錄片在二〇〇四年首播，這年箕島與星稜兩校原班人馬，在石川縣立球場舉行二十五週年的OB戰。

紀錄片裡選了四名人物側寫，包括被人工草皮絆倒的星稜一壘手加藤直樹、第十六局揮出追平陽春砲的箕島六棒森川康弘、吞下敗仗的星稜王牌投手堅田外司昭及箕島的教練尾藤公。

加藤是星稜的一壘手和第一棒，十七歲的他原本對進軍職棒抱有雄心壯志，但卻被賽後隔天報紙「那顆高飛界外球如果接到的話，星稜就贏了」的一行評語壓垮，史上最精采的高中球賽成為他人生最大的創傷，高中畢業後雖然打過軟式和硬式棒球，但最後仍黯然離場，甚至遠離棒球，即使從住家陽台可以看到母校的球場，他都不敢靠近一步。

這樣的創傷直到一九九四年，箕島和星稜兩校在事隔十五年後舉辦首次的OB賽而有了變化，而向加藤伸出撫慰之手的，竟是敵校箕島的教練尾藤公。

這一年仍舊擔任箕島教練的尾藤，得知了加藤的心結，刻意選在七局下半箕島二人出局後上場代打，星稜的教練山下智茂也站上投手丘救援，兩帥親征似乎早有預謀，尾藤故意朝著一壘加藤的方向揮擊，山下則站在投手丘上大喊：「加藤，接住！」經過了十五年的時光，加藤終於接到了關鍵的一球。

賽後尾藤送給加藤一張卡片，上面寫著「岩もあり、木の根もあり、ファーストフライもあるけれど、さらさらと、たださらさらと、水は流れる」，大意是說人生的河流中，雖然有岩石、有樹根，也有飛球，但河水只是潺潺地、潺潺地流過，這些話讓加藤得到了救贖，看似不經意但卻強而有力。在那之後，加藤重拾棒球，以教練的身分教導小朋友打球。

類似的創傷也發生在十六局敲出追平分的箕島英雄森川康弘的身上。

那是森川在甲子園的第一支全壘打，大家都說是奇蹟降臨。

森川畢業後雖然加入了三菱汽車水島製作所的野球部，但信心滿滿的他並沒有打出預期的好成績，「當初如果不揮出那支全壘打就好了」這句話成了他的口頭禪，森川帶著另一種創傷遠離棒球。

再來看看投了十八局六十八人次、二〇八球的星稜王牌投手堅田外司昭。賽後主審將球賽的「勝利球」送給他當紀念，對堅田而言這是一顆令他心痛的「致敗球」，他將球擺在客廳的櫃子裡，偶爾拿出來看，心痛的感覺隨著時間慢慢轉化成一種懷念。

這位主審名叫永野元玄，是甲子園的知名裁判，其實他在一九五三年曾以土佐高校的捕手身分參加當年的夏季甲子園，永野在決賽中蹲捕，九局下二出局二好球，只要再抓下一顆好球就能獲勝，結果永野卻漏接了一顆擦棒球，讓對手的打者逃過一劫，最後遭到逆轉，永野比誰都知道敗者的心情。

甲子園有項不成文的慣例，比賽結束後主審會悄悄地將球賽「勝利球」送給勝隊的投手，但永野卻把球送給敗隊的投手堅田，並且告訴堅田希望他再次回來甲子園球場看球。

堅田畢業後進了松下電器打社會人野球，雖然沒能進軍職棒，但他找到了新目標，成為球隊的經理，甚至考取了裁判資格，每次擔任球審時，他總會貼心地將每顆經手的球擦乾淨，不希望當年手滑的憾事在小球員身上重演，二〇〇三年堅田首次在甲子園大賽中擔任裁判，每年都重回甲子園球場，當年主審永野要他再回來球場看看，他以自己的方式回報了永野的鼓舞。

箕島和星稜的延長戰還沒結束。

二〇〇四年兩校在石川縣立球場舉行二十五週年的ＯＢ戰，包括當年舉牌的女高中生、應援團、球隊女經理，原班人馬全部出席。這次，加藤故意帶了一塊人工草皮放在一壘旁邊，不時踩一踩逗得眾人會心一笑，大家內心似乎明白，這是他癒合傷口的一項重要儀式。

不過，這年尾藤教練因為癌症化療無法參加，但他特地寄了一箱和歌山名產蜜柑給加藤，賽後加藤親自將全部球員的簽名卡片送到和歌山給尾藤教練，尾藤也在卡片上簽名並留下他的名言「一期一會一球」。

二〇一〇年九月兩校重返甲子園球場舉辦三十一週年ＯＢ戰，當時尾藤教練抱著癌末病弱的身軀參加，進場後教練、球員和觀眾哭成一片。

二〇一一年三月尾藤教練病逝，星稜教練山下智茂和很多OB球員到場致意，失去了生平最可敬的對手，山下教練哭得死去活來直說「心裡好像破了一個洞」。山下教練後來接替了尾藤教練，成為高校野球連盟「甲子園塾」的第二代塾長，栽培新秀教練。山下的名氣並不輸給尾藤，畢竟他一手調教出了舉世聞名的松井秀喜。

二〇一三年星稜高校出身的松井秀喜獲頒日本國民榮譽賞，這年箕島和星稜正好同時打入甲子園大賽，觀眾都期待兩校時隔三十四年的對戰，可惜雙雙都在首輪敗北淘汰。不過這年，箕島的教練是尾藤公的長子尾藤強，而加藤直樹的大兒子加藤峻平也成為星稜的板凳球員參賽，加藤峻平賽中曾上場代打，而且守備的位置正是父親當年的一壘。

印刻文學 552

哈日解癮雜貨店

作　　者　林翠儀
總 編 輯　初安民
責任編輯　陳健瑜
美術編輯　黃昶憲　陳淑美
繪　　圖　黃昶憲
校　　對　林翠儀　吳美滿　陳健瑜

發 行 人　張書銘
出　　版　INK 印刻文學生活雜誌出版有限公司
新北市中和區建一路 249 號 8 樓
電話：02-22281626
傳真：02-22281598
e-mail：ink.book@msa.hinet.net
網　　址　舒讀網 http：//www.sudu.cc

法律顧問　巨鼎博達法律事務所
施竣中律師
總 經 銷　成陽出版股份有限公司
電　　話　03-3589000（代表號）
傳　　真　03-3556521
郵政劃撥　19785090　印刻文學生活雜誌出版有限公司
印　　刷　海王印刷事業股份有限公司

港澳總經銷　泛華發行代理有限公司
地　　址　香港新界將軍澳工業邨駿昌街 7 號 2 樓
電　　話　852-27982220
傳　　真　852-27965471
網　　址　www.gccd.com.hk

出版日期　2017 年 12 月　　初版
ISBN　978-986-387-206-1

定　價　360 元

國家圖書館出版品預行編目資料

哈日解癮雜貨店／林翠儀 著.
--初版. –新北市中和區：INK印刻文學，
2017.12 面； 14.8 × 21公分. --（文學叢書；552）
ISBN 978-986-387-206-1
1.文化 2.日本
731.3　　106020159